HISTORIA UND EXEMPEL

Quellen zur protestantischen Bildungsgeschichte (QPBG)

Nr. 8

Herausgegeben von Ralf Koerrenz, Alexandra Schotte und
Annika Blichmann

Gefördert vom Landesgraduiertenkolleg
„Protestantische Bildungstraditionen in Mitteldeutschland"
der Friedrich-Schiller-Universität Jena

Historia und Exempel

Geschichte und Geschichtsunterricht
im deutschen Protestantismus zwischen
Reformation und Frühhistorismus

Herausgegeben von Hiram Kümper

EVANGELISCHE VERLAGSANSTALT
Leipzig

Bibliografische Information der Deutschen Nationalbibliothek
Die Deutsche Nationalbibliothek verzeichnet diese Publikation in der
Deutschen Nationalbiografie; detaillierte bibliografische Daten
sind im Internet über http://dnb.d-nb.de abrufbar.

© 2014 by Evangelische Verlagsanstalt GmbH · Leipzig
Printed in Germany · H 7746

Gedruckt auf alterungsbeständigem Papier.

Umschlag: Kai-Michael Gustmann, Leipzig
Satz: Katja Rub, Leipzig
Druck und Bindung: Docupoint GmbH Magdeburg

ISBN 978-3-374-03762-9

www.eva-leipzig.de

INHALT

Einleitung

Die vorliegende Quellensammlung versucht anhand von 30 exemplarischen Auszügen die Vor- und Frühgeschichte des Geschichtsunterrichts und seiner Bedeutung im pädagogischen Denken des (vor allem mittel-) deutschen Protestantismus im historischen Längsschnitt von den frühen Reformationsjahren bis in die Jahrzehnte um 1800 nachzuzeichnen.

Der Begriff ‚Vor- und Frühgeschichte' deutet bereits darauf hin, dass der Betrachtungszeitraum weitestgehend vor der Etablierung eines entsprechenden Schulfachs liegt.[1] Gerade dieser Zeitraum, der von der Implementierung historischen Wissens in ganz unterschiedliche Unterrichtskontexte hin zu einer Institutionalisierung als eigenständiges Fach führt, zeigt wichtige Entwicklungslinien auf – und zwar sowohl in einer allgemeinen Perspektive für die Geschichte der Geschichtskultur, insofern Geschichtsunterricht sicher zu deren wichtigsten institutionalisierten Schauplätzen gehört, als auch für die Protestantismusforschung.

Dass es dabei ausgerechnet der historischen Zunft von einigen ersten, wenn auch zum Teil ausgesprochen verdienstvollen, Grobaufrissen in Aufsatzform bislang nicht gelungen ist, eine umfassende Geschichte des eigenen Fachunterrichts vorzulegen, die in der Lage ist, jenen wichtigen „Bedingungszusammenhang von wirtschaftlich-gesellschaftlicher Entwicklung und Geschichtsunterricht" herzustellen, wie es Klaus Bergmann und Gerhard Schneider vor nun ziemlich genau dreißig Jahren eingefordert haben,[2] ist an sich schon bemerkenswert. Erst in jüngster Zeit nimmt das Interesse wieder merklich zu, wie man etwa an der von Wolfgang Hasberg und

---

1 Zu dessen Einführung vgl. Mannzmann, Geschichtsunterricht und politische Bildung (1983) und Hösch, Der Geschichtsunterricht an den Höheren Schulen (1962).
2 Bergmann/Schneider, Das Interesse der Geschichtsdidaktik (1977), S. 70.

Manfred Seidenfuß seit 2005 herausgegebenen Reihe *Geschichtsdidaktik in Vergangenheit und Gegenwart* ablesen kann. Wichtige Arbeiten vor allem zur Schulbuchgeschichte der Vormoderne hat überdies der Münsteraner Geschichtsdidaktiker Wolfgang Jacobmeyer vorgelegt, dessen lang angekündigte, monumentale Edition von mehreren hunderte Vorworten deutscher Schulgeschichtsbücher nun vor kurzem endlich erscheinen konnte.[3]

In diese und ähnliche Bemühungen möchte sich auch die vorliegende Sammlung mit einem freilich ungleich kleineren Beitrag einklinken. Dabei geht es im Kern um drei Fragen:

· Welche Bedeutung wurde der Geschichte und ihrer Vermittlung zugewiesen? Das heißt auch: Welchem Zweck diente eine historische Unterweisung?
· Welche historischen Inhalte wurden dabei für besonders bedeutsam, welche für weniger beachtenswert oder sogar bedenklich gehalten?
· Welche Methoden wurden als besonders geeignet zur Vermittlung historischer Inhalte angesehen?

Exemplarische Antworten sollen die hier zusammengestellten 30 Quellenauszüge bieten. Weitere wären leicht denkbar und sicher wünschenswert gewesen, doch blieb Beschränkung notwendig. Einer immer noch nachdrücklich wünschenswerten Geschichte des Geschichtsunterrichts kann und will die vorliegende Sammlung daher nur einen Baustein liefern. Einen weiteren wird die ebenfalls in der Reihe *Protestantische Reform in Quellen* erscheinende Edition von Jens Nagel bereitstellen, die drei wichtige Geschichtslehrwerke der Zeit vor 1750

---

3   Jacobmeyer, Das deutsche Schulgeschichtsbuch 1700–1945 (2011). Weitere Vorarbeiten zu diesem verdienstvollen Mammutprojekt sind unter seinem Namen im Literaturverzeichnis ausgewiesen.

eingehender erschließen wird als es der hier geplante Längsschnitt kann. So werden sich beide Bände hoffentlich sinnvoll ergänzen.

Entsprechend der so skizzierten Anlage des Bandes kamen drei Quellengruppen für die Auswahl der hier präsentierten Quellenauszüge in Frage, nämlich

· erstens grundsätzliche Reflexionen über die Geschichte und ihren gesellschaftlichen Wert, wie sie zunächst vor allem Theologen und Philosophen, überhaupt erst mit der langsamen Etablierung der Disziplin während des 17. und 18. Jahrhunderts und dann Fachhistoriker formulierten;
· zweitens konkrete Regulative des Unterrichtsgeschehens, wie sie vor allem in der Normierung durch Schulordnungen auftraten;[4] und
· drittens materielle Umsetzungsversuche der beiden erstgenannten Quellengruppen, nämlich insbesondere Schulbücher.

Alle drei Quellengruppen beziehen sich freilich auf das Engste aufeinander, insofern als Reflexionen über den Wert und Nutzen historischer Kenntnis zum Grundtenor praktisch jedes Vorwortes zu den Geschichtslehrwerken des Betrachtungszeitraumes gehören, andererseits die Schulordnungen vor allem über die empfohlenen oder vorgeschriebenen Lehrwerke normierend auf den Schulunterricht einwirkten.

Der hier vorgelegte Längsschnitt hat sich neben der chronologischen noch eine zweite besondere Beschränkung vorgenommen: Behandelt werden nämlich ausschließlich protestantische, insbesondere mitteldeutsch-protestantische,

---

4 Zu dieser besonderen Textgattung vgl. Rude, Die bedeutendsten Evangelischen Schulordnungen (1893).

d. h. in aller Regel lutherische Autoren. Die Reformation wird mit gutem Grund als besondere Zäsur der deutschen Bildungsgeschichte gehandelt.[5] Das gilt durchaus auch für den Geschichtsunterricht avant la lettre, wie nicht zuletzt die hier versammelten Quellenauszüge zeigen werden.[6] Wir wollen und können in den folgenden Absätzen einer umfassenden Detailuntersuchung nicht vorgreifen. Wohl aber sollen die groben Linien skizziert werden, entlang derer sich der Geschichtsunterricht in den protestantischen Territorien der frühen Neuzeit entwickelte, um die erste Einordnung der hier gedruckten Quellenauszüge zu erleichtern.

Den Grundstein legten die Reformatoren der ersten Stunde selbst. Nicht umsonst wusste schon Luther selbst um die Einsicht, dass *wenn man's gründlich besinnet, ... aus den Historien und Geschichten fast alle Rechte, Kunst, guter Rat, Warnung* – ich kürze die lange Liste der Wohltaten hier ab, schlicht: *Weisheit, Klugheit samt allen Tugenden [wie] aus einem lebendigen Brunnen gequollen seien.*[7] Ja, im Grunde sei alles, *das zum ehrlichen Leben nützlich sei,* in den *Historien und Exempeln* zu finden.[8] Das meint zwar auch, aber beileibe nicht nur die biblische Geschichte und ihre Fortsetzung im historisierten Heilsplan, sondern ebenso die Natur-, Gelehrten- und nicht zuletzt die Reichsgeschichte. An einer Stelle klagt Luther:

5   Aus der reichen Literatur nenne ich hier nur Strauss, Reformation and Pedagogy (1974); Keck, Konfessionalisierung und Bildung aus erziehungswissenschaftlicher Sicht (2003) und Ehrenpreis, Sozialdisziplinierung durch Schulzucht? (1999).

6   Dazu bisher vor allem Mayer, Anfänge historisch-politischer Bildung (1979); Richter, Geschichtsunterricht im 17. Jahrhundert (1893), S. 78ff., Rohlfes, Geschichtsunterricht in Deutschland (1982).

7   Die Zitate folgenden hier der sprachlich modernisierten Fassung bei Luther, Pädagogische Schriften (ebd. Lorenzen, 1957), S. 82. Das Original unten, **Q 2**.

8   Ebd., S. 130.

O wie manche feine Geschichte und Sprüche sollte man jetzt haben, die in deutschen Landen geschehen und gegangen sind, der wir jetzt gar keines wissen: das macht, niemand ist da gewesen, der sie beschrieben, oder, ob sie schon beschrieben gewesen wären, niemand die Bücher gehalten hat, darum man auch von uns Deutschen nichts weiß in andern Landen, und müssen aller Welt die deutschen Bestien heißen, die nichts mehr könnten, denn kriegen und fressen und saufen.[9]

Seine beiden ausführlichsten Stellungnahmen zum Wert der Geschichte und zur Notwendigkeit ihrer schulischen Unterweisung sind in **Q 1** und **Q 2** wiedergegeben.

Einen regen Weiterdenker gerade im Hinblick auf seine pädagogischen Bestrebungen hat Luther bekanntlich in Philipp Melanchthon (1497–1560) gefunden.[10] Auch er hat nachdrücklich die historische Lektüre an den Schulen gefordert, diese aber zugleich noch prononcierter auf einen bestimmten Zweck festgelegt:

Es ist für Christen notwendig Historien zu lesen; dabei findet auch ein Christ mancherlei Exempel, die ihn zu Glauben und Gottesfurcht vermahnen, wie denn die Wahrheit die Historien ein schreckliches Bild göttlichen Zorns und Gerichts wider alle Laster seien. In der Tat, die Historien sind ein ewiger Schatz ... daraus allezeit Exempel zu dem Leben dienlich zu nehmen.[11]

Wohl auch deshalb kommt trotz der hohen Wertschätzung, die aus diesen Zeilen spricht, in den von Melanchthon inspirierten Schulordnungen die Geschichte als eigenständiges Fach nicht vor:

---

9   Ebd., S. 83.
10 Müller, Melanchthon zwischen Pädagogik und Theologie (1984); Müller, Geschichte und allgemeine Bildungstheorie (1963); Knape, Melanchthon und die Historien (2000); Hartfelder, Melanchthon als Praeceptor germaniae (1889), S. 197ff. Melanchthon als ‚Schulbuchautor' würdigt Stempel, Melanchthons pädagogisches Wirken (1979), S. 111–123.
11 Corpus Reformatorum III, S. 114.

sie ist ihm selbstverständlicher Teil der Ethik. Diese Idee ist keine genuin protestantische, sie findet sich schon bei den Humanisten. Guarino Guarini Veronese (1374–1460) etwa, sicher einer der bedeutendsten Pädagogen des frühen 15. Jahrhunderts, schreibt in einem Widmungsbrief an seinen Schüler Leonello d'Este:

> Welche Frucht man ... erntet aus der Geschichte der Männer, die uns frühere Annalen aufzeichnen, sollte niemanden unbekannt sein. Was vermag grundsätzlich mehr zur Unsterblichkeit und zur Befreiung aus schmerzlicher Vergessenheit beitragen als die Aufzählung der Taten, die niedergeschrieben der Nachwelt überliefert sind? Mit ihrer Hilfe werden die Sitten, Einrichtungen, Beschlüsse, Pläne und Ereignisse der Nationen und Völker und der Könige durchleuchtet, und daraus kann man dann durch Nachahmung die Tugenden erreichen und mit Bedacht die Unsittlichkeit meiden.[12]

Auch diese humanistische Auffassung ist es, an die Melanchthon und seine Zeitgenossen anknüpfen. Natürlich: Historien sind dann noch keine Geschichte nach heutiger Auffassung. Aber sie sind der Stoff, aus dem sich die spätere, kritische Geschichtsschreibung entwickeln konnte. Jene Wertschätzung bezüglich ihrer Erbauungs- und Vorbildfunktion, die historische Episoden bei Luther, Melanchthon und anderen erfuhren, scheint maßgeblich dazu beigetragen zu haben. Mehr und mehr wird das historisch Fragmentarische, das ‚Predigtmärlein‘, wie man die spätmittelalterlichen historischen Exempla mitunter noch

---

12 *Quantus ... historiarum et eorum hominum, quos prisci nobis annales signant, fructus legitur, ignotum esse debet nemini. Principio quid magis ad immortalitatem et ad res ex oblivionis morsibus vendicandas valet polletque quam rerum gestarum series scriptis ad posteritatem prodita? Cuius ope hominum populorum nationum regum mores instituta consilia eventus in utramque partem proponuntur, unde virtus imitatione comparetur, cautius turpitudo fugiatur.* – hier zitiert nach dem Abdruck bei Garin, Geschichte und Dokumente, Bd. 2 (1966), S. 203–206 (Nr. 7).

in der heutigen Forschung nennt, durch umfassende, Zusammenhänge stiftende historische Darstellungen verdrängt, von denen man sich entsprechend umfassende und komplexere Lehren für das Leben erhoffte. Sehr illustrativ ist in dieser Hinsicht das Kollegheft einer Vorlesung über Weltgeschichte, die Melanchthon im April 1560 in Wittenberg hielt.[13] Die Aufzeichnungen eines unbekannten Hörers zeigen, wie sehr der *Praeceptor germaniae* sich um große Linien und Verknüpfungen zwischen dem Exemplarischen und Episodischen bemühte. Angereichert durch umfangreiche und möglichst exakte Beschreibung der erwähnten Orte erhält Geschichte in dieser Vorlesung bereits einen zweiten wichtigen Aspekt, der immer wieder auch in den anderen hier versammelten Quellenauszügen durchscheint: der Aspekt der Bildung im emphatischen Sinne.

Melanchthon ist es auch, der mit seiner durch seinen Schwiegersohn Kaspar Peucer (1525–1602) vollendeten Bearbeitung des sog. *Chronicon Carionis* (**Q 4**) eines der beiden prominentesten protestantischen Schulbücher des 16. und 17. Jahrhunderts vorlegt, das immer wieder nachgedruckt und rasch auch ins Deutsche rückübersetzt wird.[14] Noch 1710 gar kommentierte der Pufendorf-Schüler Peter Dahlmann in seinen bibliographischen Annotationen:

> Es wird sonsten dieses Chronicon noch von vielen sehr aestimiret / weilen man gute Nachricht / so wohl was Historiam civilem als Ecclesiasticam anbelanget / darinne anzutreffen hat.[15]

---

13 Darauf hat Berger, Melanchthon's Vorlesungen über Weltgeschichte (1897) hingewiesen und zahlreiche Auszüge daraus mitgeteilt.

14 Zur Chronik vgl. Mahlmann-Bauer, Die „Chronica Carionis" von 1532 (1999); Leppin, Humanistische Gelehrsamkeit und Zukunftsansage (2005) und Prietz, Geschichte und Reformation (2007); zu Peuer vgl. Neddermeyer, Kaspar Peucer (1997).

15 Dahlmann, Schauplatz der Masquirten und Demasquirten Gelehrten (1710), S. 118f.

Auf den ersten Blick lässt sich das *Chronicon* kaum von einer beliebigen anderen Weltchronik unterscheiden, wie sie noch im ausgehenden Mittelalter in größerer Zahl verfasst werden. Was macht sie also zum Schulbuch? Zum einen die Intention: Melanchthon verweist seine Bearbeitung nämlich ganz ausdrücklich an die *Jugent*, die er *vermanen* will. Dieses Buch soll einen lehrhaften Charakter zeigen. Zum anderen die Praxis: Zahlreiche Schulordnungen des 16. und 17. Jahrhunderts schreiben sie ganz explizit zur Lektüre vor. In der Altdorfer Ordnung von 1575 etwa heißt es:

> Der Historicus soll des Herrn Philippi Melanchthonis Chronica Carionis, wie die von Hermanno Bonno, auß dem Teutschen in das Latein gebracht worden, explicirn, die supputationem annorum, oder die Jarrechnung der Jugend vleissig weisen und zeigen, auch was mit besserm und zierlicherm Latein geredt und außgesprochen werden kan, darinnen verbessern. Er mag auch des Sleidani librum von den vier Monarchiis, wann er in den Chronica so fern kommen, mit derselben conferirn.[16]

Ganz ähnlich lautet die Stralsunder Ordnung von 1591, die bis zur Mitte des folgenden Jahrhunderts in Geltung blieb.[17] Aber auch in anderen Schulordnungen findet man Entsprechungen, die über die drei Bände der *Evangelischen Schulordnungen*, die Reinhold Vormbaum zu Beginn der 1860er Jahren ediert hat, leicht greifbar sind.[18]

Aber nicht nur an den Lateinschulen und Gymnasien, auch an der Universität findet das *Chronicon* Anklang. Seit der Mitte des 16. Jahrhunderts lässt sich ohnehin eine deutliche Aufwertung der Geschichte an den Artistenfakultäten im Reich

---

16 Vormbaum, Evangelische Schulordnungen, Bd. 1 (1860), S. 612.

17 Vormbaum, Evangelische Schulordnungen, Bd. 1 (1860), S. 496ff.

18 Für den universitären Unterricht gibt Scherer, Geschichte und Kirchengeschichte, Bd. 2 (1927), S. 465–483 eine hilfreiche Zusammenstellung einschlägiger Werke.

feststellen.[19] Diese Aufwertung hatte gerade in protestanti-schen Gelehrtenkreisen wesentlich auch mit dem Bemühen um eine gemeinsame Identität und dem programmatischen Rückbezug auf die altchristliche Kirchengeschichte zu tun.[20] So entstehen in diesen Jahren schon die ersten historischen Lehrstühle, die aber sämtlich mit anderen Fachausrichtungen verbunden sind: entweder mit sprachlich-rhetorischer oder theologisch-ethischer Ausbildung.[21] In den 1590er Jahren etwa legt der Rostocker Theologieprofessor David Chytraeus (1530–1600), der selbst noch bei Melanchthon studiert und sogar eine Zeit lang in dessen Haus gewohnt hatte, das *Chronicon* seinen universalhistorischen Vorlesungen zu Grunde. Ausführlich beschreibt er den Wert historischen Wissens für die ethische Ausbildung (**Q 6**).

Die oben zitierte Altdorfer Schulordnung von 1575 nennt neben Melanchthons Bearbeitung der *Chronica Carionis* aber noch ein zweites Werk, das der *Historicus* seinem Unterricht zu-grunde legen solle und *mit derselben conferirn*, also vergleichen: *des Sleidani librum von den vier Monarchiis* (**Q 3**). Dabei handelt es sich um das vielleicht sogar noch erfolgreichere Lehrbuch für den Geschichtsunterricht in protestantischen Territorien und Städten der frühen Neuzeit. Die *De quatuor summis Impe-riis libri tres* des Straßburger Juristen Johann Sleidan (1506–1556) erschienen in unzähligen Neudrucken und Übersetzungen und finden sich bis in das frühe 18. Jahrhundert in den Lek-türeplänen der Schulordnungen und den Leseempfehlungen

---

19 Ausführlich dazu Scherer, Geschichte und Kirchengeschichte (1927), S. 27ff.

20 Vgl. dazu auch die Beiträge in dem Sammelband von Gordon, Protestant History and Identity (1996) sowie Pohlig, Zwischen Gelehrsamkeit und konfessioneller Identitätsstiftung (2007).

21 Eine vermutlich nicht vollständige, aber doch umfangreiche Zusam-menstellung mit entsprechenden Belegstellen gibt Kohlfeldt, Der aka-demische Geschichtsunterricht (1902), S. 205ff.

der Hofmeister und Pädagogen.[22] Sleidan folgt der aus der mittelalterlichen Weltchronistik überkommenen Einteilung der Geschichte in vier Weltreiche (das babylonisch-assyrische, das persische, das griechisch-makedonische und das römisch-fränkische), die gemäß der konventionellen Auslegung einer Vision des Propheten Daniel auf dem Weg der Heilsgeschichte hin zum Jüngsten Gericht einander folgen sollten. Ganz konventionell auch deutet er die eigene als die letzte Zeit, in der die Bedrückungen der Gegenwart die sichere Rückkehr Christi ankündigten. Daneben aber gibt er eine Fülle von Detailinformationen, deren Verlässlichkeit immer wieder gerühmt worden ist, und prüft sie regelmäßig auf ihre Lehrhaftigkeit hin. Die von Sleidan praktizierte Vierteilung der Geschichte wurde zwar bereits seit der Mitte des 16. Jahrhunderts immer wieder in Frage gestellt (etwa von Jean Bodin), im Schul- und Universitätsunterricht allerdings setzte sich diese Kritik zunächst nicht durch. Erst mit den weit verbreiteten Geschichtsbüchern des Christoph Cellarius (1638–1707) setzte sich seit dem ausgehenden 17. Jahrhundert die heute gängige Dreiteilung in Alte, Mittlere und Neue Geschichte langsam durch.[23] Im 18. Jahrhundert ist sie dann sehr üblich (**Q 14, 28**), aber durchaus nicht die einzige in einer Vielzahl unterschiedlicher Periodisierungen und Einteilungen der Weltgeschichte (**Q 13, 15, 24**).

Ebenso wie die Carionische Chronik wurden auch Sleidans *Vier Monarchien* zunächst vor allem für die sittlich-moralische Belehrung verwendet. Das sieht man sehr gut beispielsweise an der Soester Ordnung von 1616, die das Werk ebenfalls zur

---

22 Über Sleidan als Historiker, sein Werk und dessen großen Erfolg vgl. Kelley, Sleidan and the Origins of History as a Profession (1980) und jetzt vor allem Kess, Johannes Sleidan (2008).

23 Vgl. Kümper, The Bible as Universal History (2011), S. 249ff. mit weiterer Literatur. Das Lehrwerk des Cellarius wird in der bereits angekündigten Edition von Jens Nagel näher vorgestellt werden.

Lektüre, allerdings nicht im Geschichts-, sondern ganz explizit im Ethikunterricht vorschreibt.[24] Mit dieser engen Verbindung von Geschichte und Ethik bei einflussreichen Denkern der ersten Reformationsjahrzehnte ist bereits ein Charakteristikum benannt, das sich bis ins ausgehende 18. Jahrhundert – allerdings mit sich wandelnder Schwerpunktsetzung – durch die hier versammelten Quellenauszüge ziehen wird. Das liegt im Übrigen auch im Personal begründet: Über lange Zeit nämlich finden wir in ganz auffälliger Häufung protestantische Theologen, ehemalige Theologiestudenten und Pfarrsöhne unter den Verfassern von Geschichtslehrwerken (Q 5, 6, 9, 11, 14, 15, 19–22, 25, 29, 30).

Das hat aber mitunter auch noch einen zweiten, gleichsam pragmatischen Grund: Durch die enge sachliche Verschränkung der Vor- und Frühgeschichte mit den Geschichtsbüchern des Alten Testaments und der Geschichte des römischen Altertums mit jener des Neuen Testaments nämlich waren sie zugleich prädestinierte Experten zumindest für diesen Bereich des historischen Wissens und dessen Vermittlung. So ist, was auf den ersten Blick als mangelnde professionelle Ausdifferenzierung erscheint, auf den zweiten ausgesprochen schlüssig: Die älteste Menschheitsgeschichte erscheint dann als akademische Vorbereitung für ein vertieftes Bibelstudium.[25] Tatsächlich spielte die biblische Geschichte als Gesamtzusammenhang im eigentlichen Religionsunterricht lange Zeit keine wesentliche Rolle, sondern wurde lediglich exemplarisch gelehrt.[26] Erst zur Wende zum 18. Jahrhundert hin scheint eine einigermaßen systematische Kenntnis der biblischen Geschichte auch auf der

---

24 Vormbaum, Evangelische Schulordnungen, Bd. 2 (1863), S. 267.
25 So kam im Übrigen noch August Ludwig Schlözer (Q 25) von der Theologie zum Geschichtsstudium.
26 Vgl. etwa Lachmann/Schröder, Geschichte des evangelischen Religionsunterrichts (2007), S. 39ff., S. 81ff. und S. 101ff. mit Einzelheiten.

religionspädagogischen Agenda einen festen Platz erobert zu haben.

Wenn von der Verschränkung historischer Unterweisung mit der Vermittlung biblisch-religiösen Wissens einerseits und ethisch-moralischer Belehrung andererseits die Rede ist, muss als dritte Verschränkung diejenige mit der sprachlich-rhetorischen Ausbildung genannt werden. Schon die mittelalterlichen, insbesondere natürlich dann die spätmittelalterlich-humanistischen Vorformen des Geschichtsunterrichts waren wesentlich mit solchen Unterrichtszielen verknüpft;[27] die frühen evangelischen Schulordnungen erben diese besondere Wertschätzung der griechisch-römischen Geschichtsschreiber – aber eben nicht so sehr ihrer historischen Inhalte wegen, sondern vor allem um ihres Stils willen.[28] Solche Betonungen finden wir im 16. und 17. Jahrhundert noch sehr häufig. Sie gelten durchaus nicht nur für die Autoren des klassischen Altertums, sondern werden bald auf die Beschäftigung mit der Geschichte insgesamt ausgedehnt; etwa wenn Chrytaeus bemerkt, *durch die Lektüre der Melanchthon'schen Chronik [werde] die Fähigkeit, gut lateinisch zu schreiben, ganz besonders gefördert* (**Q 6**). Der Benninger Pfarrer und Altphilologe August Friedrich Pauly dreht – von der anderen disziplinären Seite herkommend – das Argument dann um: Wer sich mit Geschichte befassen und zu echter Gelehrsamkeit vordringen will, muss sich mit den Originalquellen befassen und also eine solide altsprachliche Bildung mitbringen (**Q 27**).

War im 16. und frühen 17. Jahrhundert die Geschichte im Wesentlichen noch Sache der akademischen Ausbildung an

---

27 Nachweise bei Kümper, „Wer die Historien mit Nutz gebrauchen will…" (2007), S. 194ff. und Wolter, Geschichtliche Bildung (1959), S. 50ff.

28 Zahlreiche Beispiele bei Mayer, Die Anfänge historisch-politischer Bildung (1979), S. 394-401 und Dolch, Lehrplan des Abendlandes (1959), S. 209ff.

Lateinschulen, Gymnasien und Universitäten gewesen, gewinnt um die Mitte des 17. Jahrhunderts die Idee der Nützlichkeit immer mehr Raum in den Überlegungen der Gelehrten[29] und den Ausführungen der Schulordnungen – und damit auch eine Ausweitung auf andere Schulformen. Das geht einher mit einem allgemeinen Aufschwung des Realien-Gedankens, der Hinwendung zur Ausbildung von nutzbringenden, *der Dinge mächtigen Menschen*. Als paradigmatisch für diese Hinwendung des Schulwesens zur Nützlichkeit wird häufig die sächsisch-gothaische Ordnung angeführt, die erstmals 1642 veröffentlicht und dann mehrmals überarbeitet wurde.[30] Zunächst betrifft dieses neue Interesse vor allem die Ausbildung des werdenden Staatsapparats, der Beamten, Diplomaten und des fürstlichen Nachwuchses (**Q 8, 10, 12, 16**). Entsprechend mussten auch die Lehrinhalte neu justiert werden: mehr Staaten-, Reichs- und Regionalgeschichte, mehr historische Hilfswissenschaften, wie Genealogie und Diplomatik. So heißt es etwa in der Ordnung der Ritterschule zu Wolfenbüttel von 1688:

> Historia civilis, tam universalis, quam particularis soll, nach Gelegenheit der Zeit und dero Auditoren, gleichfalls gelesen werden, so daß nach Absolvirung Historiae universalis, sonderlich observiret werde, was meistens circa Regimina sich zugetragen hat, wie die Regna und Respublicae ihren Ursprung und Wachsthum genommen, auch wie sie in Decadence gerahten. Wobei denn auch nicht weniger Genealogia, Chronologia und Geographia mit allem Fleiß zu proponiren.[31]

---

29 Ein ganz früher Vordenker ist in dieser Hinsicht Neander (**Q 5**).
30 Vormbaum, Evangelische Schulordnungen, Bd. 2 (1863), S. 265ff. – zur Sache vgl. Mayer, Die Anfänge historisch-politischer Bildung (1979), S. 406–410. Das Gothaer Gymnasium besuchte auch August Hermann Francke (1633–1727), der Gründer der nach ihm benannten Stiftungen zu Halle, zu denen auch das Pädagogicum (**Q 12**) gehörte.
31 Vormbaum, Evangelische Schulordnungen, Bd. 3 (1864), S. 735.

Erst im 18. Jahrhundert wird dann die Forderung nach historischer Bildung auch an Schulen, die nicht auf eine akademische bzw. eine Beamtenlaufbahn hinweisen, nachdrücklicher
(**Q 14, 20, 28, 29, 30**). Im Zeichen der Aufklärung gewinnt der
alte Gedanke der moralisch-religiösen Bildung durch Geschichte ein neues Gesicht, wird historisch-politische Bildung zum
Grundstein einer bürgerlichen Bildung, die den sittlich
aufgeklärten Bürger hervorbringen soll. Diente Melanchthon
die Geschichte noch gleichsam als Steinbruch zur Illustration
anderweitig verbürgter ethischer Grundsätze, suchte man nun
umgekehrt Erkenntnisse über die Prinzipien menschlichen
Zusammenlebens aus der Betrachtung der Vergangenheit zu
ziehen. Bei Schlözer zum Beispiel ist das *Moralisirn* geradezu
verpönt (**Q 26**). Und die Erfahrung, die durch historische
Unterweisung befördert werde, nimmt bei vielen Autoren des
18. Jahrhunderts einen wichtigen Stellenwert ein (**Q 15, 23, 25**).

In die Mitte des 17. Jahrhunderts fallen auch die ersten Überlegungen zu konkreten Vermittlungsfragen. Erstes und
lange – im Grunde ja bis heute – nicht eingeholtes Problem
dieser frühen geschichtsdidaktischen Bemühungen bleibt die
Stoffmenge. Die Klage über die *vielen Nahmen und Zahlen*, mit
denen derjenige, der *die Historien mit Nutz gebrauchen will ... sein
Gedächtnüß ... überhäuffen* müsse (**Q 10**), bleibt Programm bis ins
18. Jahrhundert hinein, ebenso wie die Forderung, der Lehrende möge sich auf Ausgewähltes (*selecta*) und auf im ursprüng-
lichen Sinne Merkwürdiges (*illustria*) beschränken (**Q 6**). Nach
welchen Prinzipien diese Auswahl freilich zu geschehen habe,
darüber blieb man weitestgehend uneinig.

Deutlich bemerkbar ist zunächst der naheliegende Zug
zum Kompendiösen, der im Grunde nur eine konsequente
Fortsetzung mittelalterlicher Traditionen darstellte. In immer
neuen Kompendien und Handbüchern wurde der Stoff immer
weiter verdichtet. Michael Neander etwa (**Q 5**) ließ 1582 mit

den *Epitome Chronicorum* eine Zusammenschau der Universalgeschichte auf nur rund 40 Seiten erscheinen. Eine besondere
Form solcher Kompendien, mit denen insbesondere die Ge-
dächtnisleistung der Studenten und Schüler, durchaus aber
auch der Lehrenden, unterstützt werden sollte, stellte dabei die
Aufarbeitung in synoptischen Geschichtstabellen dar.
Die Idee war durchaus keine neue; schon Luther hatte ein kurzes, tabellarisch strukturiertes Geschichtswerk angelegt, von
dem er selbst schreibt:

> Diese jarrechnung habe ich mir alleine zu meinem gebrauch
> verzeichnet, nicht das es solt ein Chroncia oder Historien
> sein, sondern nur wie ein Taffel, die ich möchte für dem ge-
> sicht haben, und darinne leichtlich besehen zeit und jare der
> Historien, so in heiliger Schrift beschrieben werden, mich zu
> erinnern ... ich hab darauff nicht gesehen, was oder wieviel sie
> andern nützen möcht, fürnemlich, dieweill sonst so viel Chro-
> niken und Historien vorhanden sind und derselben von tag zu
> tag mehr werden.[32]

In der Tat ist die tabellarische Aufbereitung historischen Wissens im 16. und 17. Jahrhundert ausgesprochen beliebt und sind
die Titel mannigfaltig.[33]

Ein zweiter didaktischer Impuls greift in der zweiten Hälfte
des 17. Jahrhunderts visuelle Mnemotechniken auf, wie
sie in anderen Wissensbereichen, etwa auf Flugblättern, bereits
seit über einem Jahrhundert bekannt und beliebt waren. Der

---

32 Zit. nach Richter, Die Methodik des Geschichtsunterrichts (²1889), S. 80.
33 Darüber hat Steiner, Die Ordnung der Geschichte (2008) eine ausführ-
    liche Studie vorgelegt. Einen schönen Einblick bieten auch die beiden
    kommentierten Beispiele bei Steiner, Orte der Instruktion (2011). Viele
    digitalisierte tabellarische Geschichtswerke mit kurzen biobibliogra-
    phischen Informationen sind schließlich auf der Website www.sfb-
    frueheneuzeit.uni-muenchen.de/projekte zusammengestellt (letzter
    Abruf im Juli 2013).

berühmteste Vertreter dieser Art historischer Gedächtnisstütze (**Q 9**) war wohl Johannes Buno (1617–1697), an dessen Erfolg wenige Jahre später Gottfried Ludwig anknüpfte (**Q 11**).[34] Während Buno ein ziemlich exaltiertes, mnemotechnisches Konzept verfolgte, setzten andere Autoren schlicht auf die Kraft des Bildes zur Einprägung historischer Begebenheiten und Persönlichkeiten. Der bereits erwähnte Aufschwung des Realien-Unterrichts und die neue Hinwendung zur kindlichen Gemütsverfassung im Philanthropismus taten dazu ein Übriges.[35] Die nachdrückliche Forderung nach ausgiebiger Bebilderung durch Kupferstiche wurde immer wieder formuliert (**Q 22, 26**), scheiterte regelmäßig aber an den Kosten.

Ungefähr zur gleichen Zeit macht sich auch ein Auf-schwung des Narrativen im Geschichtsunterricht bemerkbar (**Q 10, 11, 23, 25, 26**). Ebenso wie die Bilder und Tabellen suchte im Grunde auch die Geschichtserzählung vor allem dem Problem der Stoffbewältigung durch Geist und Gedächtnis Herr zu werden. Vertreter dieser Richtung wandten sich explizit gegen die etablierte Methode des katechetischen Unterrichts, der Wissen als ein Wechselspiel von kurzen Fragen und Antworten vermitteln wollte.[36] Häufig sind die Klagen über das bloße Auswendiglernen und ‚Herableiern‘ kaum verstandener Antworten. Ein besonders verbreitetes, weil staatlich in Auftrag gegebenes Beispiel dieser Lehrmethode stellt das *Lehr-Buch* des Berliner Konsistorialrat Gotthilf Christian Reccard (1735–1798) dar, das wir deshalb in einem etwas ausführlicheren Auszug hier wiedergeben (**Q 21**). In der zweiten

---

34 Ausführlich dazu Strasser, Emblematik und Mnemonik (2000), bes. S. 67–99. Bunos Geschichtswerk wird ebenfalls Jens Nagel in der bereits angesprochenen Edition näher behandeln.

35 Eingehender dazu Richter, Die Methodik des Geschichtsunterrichts (²1889), S. 94–98.

36 Eine kritische Darstellung etwa bei Niemeyer, Grundsätze, Bd. 2 (1818), S. 40–46; vgl. ferner Beyer, Der Katechismus als Schulbuch (2002).

Hälfte des 18. Jahrhundert geriet in vielen Territorien des Alten Reiches das Schulwesen im Allgemeinen und die Schullektüre im Besonderen zunehmend unter staatliche Kontrolle.[37] Das *Königlich-Preußischen General-Landschul-Reglement für das lutherische Schulwesen* vom 12. August 1763 schrieb sogar vor:

> §. 20. Da aber das Land bisher mit allerhand Lehrbüchern, insonderheit Erklärungen des Catechismi und sogenannten Ordnungen des Heils überschwemmet worden, indem ein jeder Prediger nach eigenem Wohlgefallen die Unterrichtsbücher erwählet oder dergleichen selbst gemacht und drucken lassen; wodurch jedoch die Kinder, besonders wenn die Eltern den Ort der Wohnung verändert haben, im Lernen sehr confundiret worden: So wollen Wir, daß inskünftige in allen Landschulen ... keine anderen Lehrbücher ... als die von Unsern Consistoriis verordnet und approbirt worden, sollen gebraucht werden.[38]

Ein solches Lehrbuch also erstellte Reccard im ministerialen Auftrag. Dem hier abgedruckten Vorwort können wir entnehmen, dass die katechetische Einrichtung auf explizitem Wunsch seiner Auftraggeber erfolgte.

Ein zweites, illustratives Beispiel ist die ausgesprochen erfolgreiche Weltgeschichte des Johann Matthias Schröckh (1733–1808). Hegel erinnerte sich einmal:

> Noch keine Weltgeschichte hat mir besser gefallen als Schröks. Er vermeidet den Ekel der vilen Namen in einer Special-Historie, erzält doch alle Hauptbegebenheiten, läßt aber klüglich die vilen Könige, Kriege, wo offt ein paar 100 Mann sich herum balgten u. a. dergl. ganz weg, und verbindet welches das vorzüglichste ist, das lehrreiche mit der Geschichte; ebenso führt

---

37 Vgl. dazu Sauer, Zwischen Negativkontrolle und staatlichem Monopol (1998); Rommel, Das Schulbuch im 18. Jahrhundert (1968), S. 142-151.
38 Neigebaur, Sammlung (1826), S. 138f.

er den Zustand der Gelehrten, und der Wissenschaft überall sorgfältig an.[39]

Der gebürtige Wiener Schröckh hatte 1751 die Universität Göttingen bezogen, ist später an die Universität Leipzig gewechselt und hat dort im Fach Philosophie graduiert. 1767 einem Ruf nach Wittenberg folgend lehrte er dort zunächst Poesie, las über Kirchen- und Gelehrtengeschichte bis er ein knappes Jahrzehnt später endlich Johann Daniel Ritter (1709–1775) auf den Lehrstuhl für Geschichte folgen konnte. Schroeckh schloss an eine Vorlage von Hilmar Curas (1673–1747) an,[40] der als Lehrer am Joachimsthalschen Gymnasium zu Berlin und für Prinzessin Anna Amalia von Preußen tätig gewesen war. Dessen *Einleitung zur Universal-Historie* (**Q 13**) war in der ersten Hälfte des 18. Jahrhunderts ganz außerordentlich erfolgreich. Allein zu Lebzeiten des Verfassers sind noch acht Auflagen erschienen, danach mindestens neun weitere, bearbeitet zunächst von Schröckh, später dann von dem Leipziger Geschichtsprofessor Karl Heinrich Ludwig Pölitz (1772–1838). Den Zusatz *zum Gebrauche des ersten Unterrichts der Jugend* hat das Werk erst durch Schröckh erhalten. Dass es sich aber um ein Schulbuch im engeren Sinne handelt, verrät bereits der Untertitel der Curas'schen Erstauflage: *in Fragen und Antwort*, in katechetischer Lehrform also, sollte hier vermittelt werden. Schröckh brachte nun also die Fragen und Antworten in eine fortlaufende Erzählung; wie, davon berichtet er selbst im Vorwort (**Q 23**). Tatsächlich blieben beide Methoden – das katechetische Abfragen und die Geschichtserzählung – noch bis in das 19. Jahrhundert etablierte Konkurrenten; mitunter wurde auch versucht, beides miteinander zu verbinden (**Q 29**).

---

39 Nicolin/Schlüter, Hegel. Tagebuch 1785–1787 (1989), S. 3.
40 Über ihn fehlt noch jede größere Forschungsarbeit. Das müsste dringend einmal geändert werden.

Obschon die hier versammelten Quellenauszüge die Entwicklung des Geschichtsunterrichts und der pädagogischen Refle-
xion darüber vor allem im mitteldeutschen Protestantismus zu
illustrieren versuchen, sollte ein zumindest kurzer Seitenblick
auf das katholische Schulwesen zum Schluss nicht gänzlich unterbleiben. Das wird zunächst dadurch erschwert, dass
ein den *Evangelischen Schulordnungen* vergleichbares Korpus weder der Quellen- noch der Editionslage nach vorliegt. Für die
jesuitischen Gymnasien wird 1599 allerdings die *Ratio studiorum* publiziert, die bis 1832 unverändert in Kraft blieb.[41] Hier
wird Geschichte vollständig auf die *eruditio*, die Gelehrsamkeit,
hin gerichtet. Sie ist neben der rhetorischen Theorie (*praecepta
dicendi*) und dem *stylus* die dritte Komponente im Bildungsziel
der höheren Klassen an Jesuitengymnasien und tritt damit
neben vielfältiges anderes Sachwissen. Besonders an Vakanzta-
gen, solchen also, an denen der reguläre Unterricht ausgesetzt
wird, *werde ein Geschichtsschreiber oder Dichter oder etwas [anderes]
zur Erudition Gehöriges erklärt und dann abgefragt.*[42] An dieser
Stelle wird die Geschichte also als etwas Zusätzliches zum not-
wendigen Basisstoff behandelt, das auch der Unterhaltung und
Erholung dienen und vor allem *mäßig* behandelt werden soll:

> Das historische Wissen behandle man mäßig. Es soll von Zeit
> zu Zeit die Schüler auffrischen und unterhalten, aber nicht an
> der Achtsamkeit auf die Sprache hindern.[43]

---

41 Die Ratio studiorum ist bilingual gedruckt bei Pachtler, Ratio studiorum, 4 Bde. (1887–1894). Zur Geschichte des jesuitischen Geschichtsunterrichts vgl. insbesondere Brader (1910). Auch an den jesuitisch
geprägten Universitäten hatte es längere Zeit Widerstände gegen die
Einrichtung von Geschichtsprofessuren gegeben, wie Dickerhof, Universitätsreform und Wissenschaftsauffassung (1968), nachzeichnet. Es
gab aber durchaus auch gegenläufige Stimmen in den eigenen Reihen –
vgl. Randa, Mensch und Weltgeschichte (1969), S. 229.

42 Pachtler, Ratio Studiorum, Bd. 2 (1887), S. 403.

43 Ebd., S. 184.

Die integrale Funktion der Geschichte als Basis wissenschaftlicher und ethischer Erkenntnis ist diesem Verständnis fremd.
Lediglich bei der Lektüre der *auctores,* der Lehrauthoritäten,
scheint ein solches Verständnis durch – allerdings nur in ganz
marginaler Form, als fünfte und letzte Form der Erklärung
einer Authoritätenstelle nach Sinn, Anlage, Analogien und dem
Beispruch anderer Authoritäten:

> Fünftens nehme man aus der Geschichte, der Mythologie, aus
> der Erudition jeglicher Art alles herbei, was dazu dient, die be-
> treffende Stelle in helleres Licht zu setzen.[44]

Damit ist aber natürlich noch lange nicht gesagt, dass keine
innovativen Impulse zur Entwicklung des historischen Unterrichts von katholischen Gelehrten ausgingen. Man braucht nur
auf den nachdrücklichen Einfluss des Johann Amos Comenius
(1592–1670) hinzuweisen.[45] In seiner berühmten, erst 1935 im
Manuskript wiederentdeckten *Pampaedia* führt er aus:

> Für jede Klasse könnte ein besonderes Büchlein mit einem
> bestimmten Kreis von Geschichten verfasst werden, und man
> würde vorlegen der ersten Klasse einen Abriß der biblischen
> Geschichten, der zweiten die Geschichte der Natur, der drit-
> ten die der künstlichen Dinge, d. h. die der Erfindungen, der
> vierten die Geschichte der Sitten, Beispiele hervorragender Tu-
> genden usw., der fünften die Geschichte der Riten und Bräu-
> che der verschiedenen Völker und der sechsten eine allgemeine
> Geschichte der ganzen Welt und der wichtigsten Völker, insbe-
> sondere aber die des Vaterlandes, alles kurz gefaßt, aber ohne
> Wichtiges zu übergehen.[46]

---

44 Ebd., S. 407.
45 Statt umfassender Nachweise vgl. nur Koch, Comenius und das moder-
    ne Methodendenken (2003) und die dort angegebene Literatur.
46 Komenský, Pampaedia (ed. Tschizewskij, 1954), S. 204.

Ferner schlug er im Lehrplan der von ihm konzipierten *schola pansophica* jeweils eine Wochenstunde Zeitungslektüre für die oberen Klassen vor, die besonders dem Studium der Geographie und der Geschichte dienen sollten. Deutliche Parallelen ließen sich etwa beim Zittauer Gymnasialdirektor Weise (**Q 10**) sehen.

Vor allem aber beginnen sich mit dem ausgehenden 17. Jahrhundert zunehmend die konfessionellen Unterschiede in diesem Bereich zu verwischen. Spätestens seit der zweiten Hälfte des 18. Jahrhunderts können die Vorworte katholischer Schulbuchautoren und katholische Reformschriften oft kaum mehr von ihren evangelischen Pendants unterschieden werden.[47] Auch hier finden sich dieselben Forderungen: Abkehr vom Auswendiglernen vieler Namen und Zahlen, Ansporn der kindlichen Wissbegierde, Betonung der sittlichen Bedeutung der Geschichte, entsprechend auch besonders biographischer Zugänge. Ein einleuchtendes Beispiel für die schwindende Bedeutung von Konfessionsgrenzen ist die Übersetzung der *Méthode pour étudier l'histoire* des französischen Enzyklopädisten Nicolas Lenglet du Fresnoy (1674–1755) durch den Hallenser Gelehrten Philipp Ernst Bertram (**Q 17**). Auch die Darstellungen der Reformation in den Schulbüchern jener Zeit, denen im Übrigen einmal eine gründliche Untersuchung zu wünschen wäre, klingen jetzt oft zahm und orientieren sich am Faktizistischen – man vergleiche etwa Hübners Fragen von 1735 (**Q 15**) mit Reccards nüchterner Namen- und Zahlenreihung von 1765 (**Q 21**).

---

47 Vgl. etwa die Schrift zur Kurmainzer Schulreform (1770–1784) von Johann Joseph Friedrich Steigentesch, die Elzer, Zwei Schriften (1967) ediert hat, S. 69 (§ 130) und S. 84–86 (§§ 178–180).

Dank

Bei der Texterfassung wurde ich unterstützt von Frau Michaela Morys, M. A. (Frankfurt a. M.). Dafür – und für die finanzielle Unterstützung durch das Jenaer Landesgraduiertenkolleg, die das erst möglich gemacht hat – bin ich sehr dankbar.

Quellentexte

Sämtliche Texte werden ohne sprachliche Modernisierungen wiedergegeben. Lediglich der graphemische Gebrauch von u/v ist dem Lautwert angepasst und eindeutige Druckfehler sind korrigiert worden. Hervorhebungen in den Originalen erscheinen im Sperrdruck.

Q 1: Martin Luther über die Notwendigkeit historischer Belehrung an Schulen (1524)

Luthers Sendschreiben an die Ratsherren der deutschen Städte, in dem er zur Einrichtung und Förderung des Schulwesens aufruft, gehört zu den Schlüsseltexten der deutschen Schul- und Bildungsgeschichte der Reformationszeit. Es ist schon von den Zeitgenossen viel besprochen und häufig nachgedruckt worden und findet sich auch heute noch in jeder einschlägigen Anthologie mindestens in Auszügen. Dem Abdruck hier sind die Seitenzahlen der Weimarer Werkausgabe mit beigefügt, nach der üblicherweise zitiert wird.

[**WA 15, 45**] Ja, sprichstu, Ein iglicher mag seine tochter und soene wol selber leren oder je ziehen mit zucht. Antwort: Ja man sihet wol, wie sichs leret und zeucht. Und wenn die zucht auffs hoehest getrieben wird und wol gerett, so kompts nicht ferner, denn das ein wenig holtzboecke, die wider hie von noch da von wissen zu sagen, niemand wider radten noch helffen konnen. Wo man sie aber leret und zoege inn schulen oder sonst, da gelerte und zuechtige meister und meisterinn weren, da die sprachen und andere kuenst und historien lereten, da wuerden sie hoeren die geschichte und sprueche aller wellt, wie es dieser stad, disem reich, disem Fuersten, disem man, disem weibe gangen were, und kuendten also inn kurtzer zeit gleich der gantzen wellt von anbeginn wesen, leben, rad und anschlege, gelingen und ungelingen fur sich fassen wie inn eim spigel, daraus sie denn ihren sinn schicken und sich inn der wellt laufft richten kuenden mit Gottis furcht, Dazu witzig und klug werden aus den selben historien, was zu suchen und zu meiden were inn dissem eusserlichen leben, und andern auch darnach radten und regirn. Die zucht aber, die man daheime on solche schulen fur nimpt, die will uns weise machen durch eigen erfarung. Ehe das geschicht, so sind wir hundert mal tod und haben unser lebenlang alles unbedechtig gehandelt, denn zu eigener erfarung gehoeret viel zeit.

[**WA 15, 46**] Weil denn das junge volck mus lecken und springen odder nie was zu schaffen haben, da es luft innen hat, und ihm darinn nicht zu weren ist, auch nicht gut were, das mans alles weret: Warumb sollt man denn ihm nicht solche schulen zurichten und solche kunst furlegen? Sintemal es itzt von Gottis gnaden alles also zugericht ist, das die kinder mit luft und spiel leren kunden, es seien sprachen odder ander kuenst odder historien. Und ist itzt nicht mehr die helle und das fegfewer unser schulen, da wir innen gemartert sind uber den Casualibus und temporalibus, da wir doch nichts denn eittel nichts gelernt haben durch so viel steupen, zittern, angst und jamer. Nympt man so viel zeit und muehe, das man die kinder spielen auff karten, singen und tantzen leret, Warumb nympt man nicht auch so viel zeit, das man sie lesen und ander kuenst leret, weil sie jung und muessig, geschickt und lueftig da zu sind? Ich rede fur mich: Wenn ich kinder hette und vermoechts, Sie muesten mir nicht alleine die sprachen und historien hoeren, sondern auch singen und die musica mit der gantzen mathematica lernen. Denn was ist dis alles denn eittel kinder spiel? darynnen die Kriechen ihre kinder vor zeitten zogen, da durch doch wunder geschickte leut aus worden zu allerley hernach tuechtig. Ja wie leid ist mirs itzt, das ich nicht mehr Poeten und historien gelesen habe und mich auch die selben niemand gelernt hat. Habe dafur muest lesen des teuffels dreck, die Philosophos und Sophisten, mit grosser kost, erbeit und schaden, das ich gnug habe dran aus zufegen. [...]

[**WA 15, 51**] Aber mein rad ist nicht, das man on unterschied allerley buecher zu hauff raffe und nicht mehr gedencke denn nur auff die menge und hauffen buecher. Ich wollt die wal drunder haben, das nicht nott sei, aller Juristen comment, aller Theologen Sententiarum und aller Philosophen Questiones und aller Mueniche Sermones zu samlen. Ja ich wollt solchen mist gantz ausstossen und mit rechtschaffenen buechern meine librarei versorgen und gelerte [**WA 15, 52**] leut darueber zu rad nehmen. Erstlich sollt die heilige schrift beide auff Lateinisch, Kriechisch, Ebreisch und Deutsch, und ob sie noch inn mehr sprachen were, drinnen sein. Darnach die besten ausleger und die Elltisten beide Kriechisch, Ebreisch und Lateinisch, wo ich sie finden kuende. Darnach solche buecher, die zu den sprachen zu lernen dienen, alls die Poeten und Oratores, nicht angesehen ob sie Heiden odder Christen weren, Kriechisch odder Lateinisch. Denn aus solchen mus man die Grammatica lernen. Darnoch sollten sein die buecher von den freien kuensten und sonst von allen andern kuensten. Zu letzt auch der Recht und Ertzenei buecher, Wiewol auch hie unter den Commenten einer gutten wal not ist.

Mit den fuernemsten aber sollten sein die Chronicken und Historien, waserlei sprachen man haben kuende. Denn die selben wunder nuetz sind, der wellt lauff zu erkennen und zu regiren, Ja auch Gottis wunder und werck zu sehen. O wie manche seine geschichte und sprueche sollt man itzt haben, die inn Deutschen landen geschehen und gangen sind, der wir itzt gar keins wissen: das macht, niemand ist da gewesen, der sie beschrieben, oder, ob sie schon beschrieben gewest weren, niemand die buecher gehallten hat, darumb man auch von uns Deutschen nichts weis inn andern landen, und muessen aller wellt die Deutschen bestien heissen, die nichts mehr kuenden denn kriegen und fressen und sauffen. Aber die Kriechischen und Lateinischen, Ja auch die Ebreischen haben ihr ding so gnaw und fleissig beschrieben, das, wo auch ein weib oder kind ettwas sonderlichs gethan odder geredt hat, das mus alle wellt lesen und wissen, die weil sind wir Deutschen noch immer Deutschen und woellen deutsche bleiben.

Weil uns denn itzt Gott so gnediglich beratten hat mit aller fuelle beide der kunst, gelerter leutte und buecher, so ists zeit, das wir erndten und einschneitten das beste, das wir kuenden, und schetze samlen, damit wir ettwas behallten auff das zukunfftige von disen guelden jaren und nicht diese reiche erndte verseumen. [...]

aus: Luther, WA 15 (1899), S. 45–52.

Q 2: Luther über Geschichte als „anzeigung, gedechtnis und merckmal Goettlicher werck und urteil" (1538)

Noch ungleich ausführlicher und expliziter als in seinem Sendschreiben über die Beförderung des städtischen Schulwesens (Q 1) wendet sich Luther in seiner Vorrede zur „Historia Galeatii Capellae" dem Nutzen der Geschichte und ihrer Unterweisung zu.[1] Auch hier sind dem Auszug die Seitenzahlen der Weimarer Werksausgabe beigefügt worden.

[**WA 50, 383**] Es spricht der hochberuemte Roemer Varro,[2] das die aller beste weise zu leren sei, wenn man zu dem wort Exempel oder Beispiel gibt, Denn die selben machen, das man die rede klerlicher verstehet, auch viel leichter behelt, Sonst, wo die rede on Exempel gehoert wird, wie gerecht und gut sie imer ist, beweget sie doch das hertz nicht so seer, ist auch nicht so klar und nicht so fest behalten. Daruemb ists ein seer koestlich ding umb die Historien. Denn was die Philosophi, weise Leute und die gantze vernunfft leren oder erdenken kann, das

---

1 Ausführlich dazu Rohlfes, Martin Luthers Vorrede (1983).
2 Vgl. dazu auch Schmidt, Luthers Bekanntschaft mit den alten Klassikern (1883), S. 19.

zum ehrlichen leben nuetzlich sei, das gibt die Historien mit Exempeln und Geschichten gewaltiglich und stellet es gleich fur die augen, als were man dabei, und sehe es also geschehen, alles, was vorhin die wort durch die lere jnn die ohren getragen haben. Da findet man beide, wie die gethan, gelassen, gelebt haben, so from und weise gewest sind, und wie es jnen gangen, oder wie sie belohnet sind, Auch widerumb, wie die gelebt haben, so boese und unverstendig gewest sind, und wie sie dafuer bezalet sind.

Und wenn mans gruendlich besinnet, So sind aus den Historien und Geschichten fasst alle rechte, kunst, guter rat, warnung, drewen, schrecken, [**WA 50, 384**] troesten, stercken, unterricht, fuersichtigkeit, weisheit, klugheit sampt allen tugenden als aus einem lebendigen brunnen gequollen. Das macht: die Historien sind nichts anders denn anzeigung, gedechtnis und merckmal Goettlicher werck und urteil, wie er die welt, sonderlich die Menschen, erhelt, regiert, hindert, foerdert, straffet und ehret, nach dem ein jglicher verdienet. Boeses oder Gutes. Und ob gleich viel sind, die Gott nicht erkennen noch achten, Noch muessen sie sich an die Exempel und Historien stossen und fuerchten, das jnen nicht auch gehe, wie dem und dem, so durch die Historien werden fuergebildet, da durch sie herter bewegt werden, denn so man sie schlecht mit blossen worten des rechts oder Lere abhelt und jnen weret, Wie wir denn lesen nicht allein jnn der heiligen Schrifft, Sondern auch jnn den Heidnischen buechern, wie sie einfueren und fuerhalten der Vorfaren Exempel, wort und werck, wo sie etwas erheben [= durchsetzen] wollen bei dem volck oder wenn sie fuerhaben zu leren, ermanen, warnen, abschrecken.

Daruemb sind auch die Historien schreiber die aller nuetzlichsten Leute und besten Lerer, das man sie nimer mehr gnug kan ehren, loben oder dancksagen. Und solt das sein ein werck der grossen Herrn, als Keiser, Koenig, die da jrer zeit Historien mit vleis liessen schreiben und auff die Librarey verwaret

beilegen, Auch sich keiner koste lassen dauren, so auff solche
Leute, so tuechtig dazu weren, zuhalten und zu erzihen gienge,
wie man sihet, sonderlich jnn den buechern der Richter, Koe-
nige, Chroniken, das bey dem Juedisschen volck solche Meister
sind gestifftet und gehalten gewest, Auch bei den Koenigen jnn
Persen, die solche Librarei jnn Meden gehabt haben, als man
aus dem buch Esre und Nehemia wol vernemen kan.[3] Dazu
heutigs tages die Fuersten und Herrn muessen jre Cantzelei
haben, darinn jre eigen, beide, newe und alte sachen auffheben
und beilegen. Wie viel mehr solt man die gantze zeit uber jres
Regiments eine Historien von allen oder zum wenigsten von
den gewegenesten [= gewichtigsten] sachen fassen und den
Nachkommen hindersich lassen.

Und was haben wir Deudschen mehr zu klagen, Denn das
wir unser Vorfaren vor tausent jarn Geschichte und Exempel
nicht haben und fast nichts wissen, wo wir her komen sind?
On was wir aus andern Nationen Historien brauchen muessen,
die vielleicht aus not, als zu jren ehren, unser muessen gedencken. Denn weil Gottes werck on unterlas fuer sich gehet, wie
Christus spricht: „Mein Vater wircket bis daher, Und ich auch",
So kans nicht feilen, Es mus zu jeder zeit etwas mercklichs geschehen sein, das man billich mercken solt. Und obs nicht alles
kuendte auffgelesen werden, das doch die wichtigsten stue-
cke auffs kuertzest behalten wuerden, Wie denn solchs etliche
gemeinet haben, die von dem Diedrich von Bern und andern
Risen lieder gemacht und damit viel grosser sachen kurtz und
schlecht dar gegeben haben.

[**WA 50, 385**] Aber es gehoert dazu ein trefflicher Man, der
ein Lewen hertz habe, unerschrocken die warheit zu schreiben.
Denn das mehrer teil schreiben also, das sie jrer zeit laster oder
unfal den Herrn oder freunden zu willen gern schweigen oder
auffs beste deuten, widerumb geringe oder nichtige tugend

---

3   Vgl. Esra 6, 2.

allzu hoch auffmutzen, Widerumb aus gunst jres Vaterlands und ungunst der Frembden die Historien schmuecken oder suddeln, darnach sie jemand lieben oder feinden. Damit werden die Historien uber die masse verdechtig und Gottes werck schendlich vertunckelt, Wie man den Griechen schuld gibt, auch des Bapsts Heuchler bisher gethan und noch thun. Und zu letzt dahin kompt, das man nicht weis, was man gleuben sol. Also verdirbt der edle, schöne, hoehste nutz der Historien, Und werden eitel Wesscher daraus. Das macht, das solch hoch werck, Historien zu schreiben, einem jglichen frei stehet. Der schreibet denn und schweiget, lobet und schilt, was jn gut duencket.

Daruemb solt dis ampt von hohen Leuten oder je [= doch wenigstens] von wol bestelleten Leuten gebraucht werden. Denn weil die Historien nichts anders denn Gottes werck, das ist gnad und zorn, beschreiben, welchen man so billich gleuben mus, als wenn sie jnn der Biblien stuenden, Solten sie warlich mit allem hoehesten vleis, trewen und warheit geschrieben werden. Aber das wird nu mehr, acht ich wol, nicht geschehen, Es keme denn die ordnung wider, die bei den Jueden gewest ist. Jnn des muessen wir uns lassen benuegen an unsern Historien, wie sie sind, und zu weilen selbs dencken und urteilen, ob der Schreiber etwa aus gunst oder ungunst schlipffere, zu viel oder zu wenig lobet und schild, dar nach er den leuten oder sachen geneigt ist. Gleich wie wir leiden muessen, das die Furleute jnn solchem losen Regiment den wein uber land [= während des Transports] mit wasser felschen, das man den reinen gewachsen trunck nicht kriegen kan, und uns benuegen lassen, das wir doch das meiste oder etwas davon kriegen.

Aber dieser Historicus Galeatius Capella sihet mich dennoch an, als hab er wollen einen rechten Historien schreiber geben, und die sachen nicht mit weitleufftigen, vergeblichen worten, Sondern kurtz und gruendlich darthun. Und ist gleichwol eine solche sache, die wol zu lesen und zubehalten ist, Als darinn man auch wol sehen kann Gottes werck, wie wuenderlich er die Menschen kinder regieret, und wie gar boese der Teufel ist und seine Glieder, damit wir lernen Gott fuerchten und seinen rat und huelffe suchen, beide jnn grossen und kleinen sachen. Dem sei lob und danck jnn ewigkeit, durch unsern Herrn Jhesum Christum, Amen.

aus: Luther, WA 50 (1914), S. 383–385.

Q 3: Apokalyptik, Türkenangst und Glaubenskämpfe in Johann Sleidans „Vier Monarchien" (1556)

Johann Sleidan (1506–1556) war eigentlich Jurist, zunächst im Dienst des französischen Königs Franz I. 1544 verließ er den französischen Hof und siedelte nach Straßburg über. Dort schrieb er – schon deutlich protestantisch beeinflusst – seine Geschichte der Reformation („De statu religionis et rei publicae Carolo V. Caesare commentarii", 1555), die noch bis ins 18. Jahrhundert immer wieder vermehrt und nachgedruckt wurde und als eines der verlässlichsten zeitgenössischen Werke über die Reformation gilt.[4] Noch ungleich erfolgreicher war aber sein zweites großes historisches Werk: „De quatuor summis Imperiis libri tres" (1556), das als Lehrbuch der Weltgeschichte bis ins späte 17. Jahrhundert hinein in weiten Teilen des Reiches im Gebrauch blieb.

Aus diesen bißhero erzehlten ist nun offenbar / wie das Röm. Reich / so an Macht und Gewalt keinem was bevor gegeben / fast untergegangen. Denn in Asien haben wir / wie man zu reden pfleget / nicht einen Fusses breit: Alles hat der Türcke / die Scythen / und andere unseres Glaubens Feinde: Gantz Africa haben wir verlohren: Uber dieses ist Lusitanien / Spanien Franckreich / Britannien / Dennemarck / Sarmatien / Ungern /

---

4 Einzelheiten dazu bei Kampschulte, Sleidanus als Geschichtsschreiber der Reformation (1864). Bereits im selben Jahr erschien auch eine deutsche Übersetzung durch Heinrich Pantaleon, Warhafftige Beschreibüng geistlicher und welttlicher sachen under dem großmechtigen Keyser Carolo dem fünfften verloffen (1556).

Illyrien / gantz Griechenland mit sambt den banchbarten Ländern / Sicilien / Sardinien / Corsica / Saphoyen / un den Balearischen Inseln hinweg genommen worden / welche Länder alle ihre Herren haben / die sie mit voller Gewalt besitzen / und dem Römischen Reiche nicht das geringste davon geben. [...] Teutschland / welches sich offtermals / wie wir oben gesaget / dem Römischen Reiche widersetzet und rebelliret ist allein übrig / das endlich von Keyser Carln dem Grossen in einen Leib zusammen gebracht / unnd nachmahls als die Gewalt / wie wir allebereit vermeldet einen Keyser zu erwehlen bey den sieben ChurFürsten stunde / zur Wohnung / und stetem Sitz gemacht worden. Es ist aber über dieses auch zu erwegen / wie das jetzt benente in Teutschland zusammen gebracht / und schlechte Römische Reich zusammen gehalten. [...]

Damit wir aber endlich zum Beschluß gelangen mögen / wollen wir den Propheten Daniel / welcher von diesen allen geweissaget / mit wenigen anführen. Von dem Bildnisse / welches Nebucadnezar in dem Träume gesehen / haben wir oben gesaget / darauff wollen wir nachmahls wieder kommen / und jetzt andere Oerter besehen: In dem siebenden Capitel beschreibet er vier Thiere nehmlich einen Leuen / Beer / und Parder / die er aus dem Meere heraus steigen gesehen / und saget / daß das vierdte und letzte sehr abscheulich / und an der Gestalt erschrecklich gewesen sey: Der Leue bedeutet das Assyrische Reich / die zwey Flügel aber / so er an sich gehabt / seyn gleichsam desselbigen reiches zwey Glieder Babylonien und Aßyren: Durch den Beer wird das Persische Reich / von welchem das Babylonische überwunden worden / verstanden / die drey Ribben / so er unter den Zähnen in dem Munde gehabt / sind die drey vornehmbsten Könige dieser Monarchie / nemlich Cyrus / Darius / und Artaxerxes / die von andern berühmt gewesen / und viel Fleisch gefressen / das ist / die meisten Völcker und ihre Bothmäßigkeit gebracht haben: Der Parder ist des Alexandri Magni oder der Griechen Reich / desselbigen vier Flügel aber /

und die Häubter sind die vier Reiche / welche nach des Alexandri Magni Tode aus derselbigen Monarchie kommen seynd: Das letzte und vierte Thier ist das Römische Thier / die zehn Hörner sind seine Glieder als Syrien / Aegypten / Asien / Griechenland / Africa / Spanien / Franckreich / Italien / Teutschland / und England. Denn diese Länder alle haben sie besessen. Unter diesen zehn Hörnern gehet auch ein kleines hervor / welches dreye von denselbigen zehn Hörnern abstosset: Dieses bedeutet das Mahometische oder Türckische Reich / so einen geringen Uhrsprung von der Römischen Monarchi genommen / und dieselbigen drey vornehmsten Theile Aegypten / Asien / und Griechenland erobert hat: Darnach hat dasselbe kleine Horn Augen / und lästerte Gott häfftig. [...]

Hieraus sihet man nun klärlichen / daß unter diesem Reiche die Welt ihr Ende haben / und hinfüro keine mehr zu hoffen seyn werde / sondern nachdem alle Fürstenthümer untergegangen / so werde dasselbige stetswehrende Reich / in welchen Christus König / und Fürst seyn wird / kommen. [...]

Teutschland führet zwar den Titel / und die Besitzungen des Reiches alleine / wann es aber seine Kräffte wollte zusammen bringen / so könnte es leichtlichen alle ausländische Gewalt / wie man solches mit vielen Exempeln zubeweisen / vertreiben / Vor etlichen Jahren haben die Türcken guten Fortgang gehabt. Denn nachdem sie die Landschaft Thracien bezwungen / haben sie Europa weit und breit durchstreifet / und ihr Reich bis an die benachbarten Länder Teutschlandes gesetzet / welches wie auch Italien wegen der Nachbarschaft nicht in wenige Gefahr zu seyn scheinet. Wann wir aber den Daniel genauer betrachten wollen / so haben wir gute hofnung / daß derselbigen Macht und Gewalt nunmehro auf das höchste gestiegen sey. Denn der Prophet Daniel hat ihnen nur drei Hörner / wie wir oben gesagt / zugemessen / welche sie allbereit erlanget / nemlich Asien / Griechenland / und Aegypten [...] Sie werden / wie Daniel ausdrücklich saget / mit den Heiligen streiten / wider die Christen sehr grausam toben / und dieser ihr Grim wird biß an der Welt Ende wehren. Dieses ist die vornehmste Ursache derselben Weissagung / damit wir nehmlich nach dem uns vorherho der erbärmliche Zustand dieser letzten Zeit offenbaret worden / nicht verzweifeln / sondern auf die Erlösung / und die Zukunft unsers Heylandes JESU Christi warten sollen / welcher alles Hertzleid bald auffheben / die Seinigen zur Ruhe bringen / und nachmahls die Thränen von ihren Augen abwischen wird.

In etlichen Stücken redet Daniel von den Jüden / welchen er beydes die Erledigung des Gefängnüsses / und den Ertzvätern versprochenen Meßiam / so auff eine gewisse und bestimmte Zeit kommen werde / ankündiget: Die übrigen Weissagungen aber alle betreffen die letzte Zeit der Welt / und die ienigen so dazumahl noch leben / weil dasselbige kleine Horn / nehmlich das Mahomets Nachkommen / mit den Heiligen streiten / und derselbige offenbahrte Mensch des Verderbens / so in den Tempel GOTTES sitzen / und sich selbst vor GOTT ausgeben wird / kommen werde. Denn desselbigen Tyranney hat der Prophet Daniel / wie auch der Apostel Paulus in seinen Episteln gar eigendlich abgebildet und erkläret.

Der Teuffel / welchen Christus einen Fürsten der Welt nennet / wird / wie er zu thun pfleget / in der letzten Zeit der Welt hefftig toben / allen Zorn und Grimm ausgiessen / und viel Feinde wieder Christum anreitzen / welche nicht allein mit der Waffen Gewalt wieten / sondern auch durch falsche Lehre die Menschen zum Betrug / und Irrthum dergestalt führen / daß auch die Ausserwehlten kaum selbsten ihren Stricken entgehen werden.

Dieses ist nehmlich / wie er in den zwelfften Capitel anzeiget / die erbärmliche und geplagte Zeit dergleichen niemahls gewesen ist noch künfftiger Zeit seyn wird. Denn er deutet uns allhier keine Freude / sondern die grausamsten Verfolgungen an / und saget daß dasselbige Ubel so lange / biß die Zerstreuung des heiligen Volckes geschehe / wehren werde. Derohalben wird das Volck GOTTES hin und wieder auf dem Erdboden gequählet / und die Frommen / so lange die Welt stehen wird / an vielen Oehrtern geplaget werden / aus welchen des Prophetens / oder vielmehr Engels Worten abzunehmen / daß eine allgemeine Einträchtigkeit nirgends zugewarten sey. Denn er redet von einer stetswehrenden zerstreuung / und bezeuget / daß die in der Religion entstandene Streitigkeiten nicht / bis Christus erschienen / aufhören werden.

Damit er aber die ienigen / so dazumahl leben werden / trösten und aufrichten möge / so setzet er alsobald nach solcher Trübsaal die Aufferstehung der Toden: Wie hoch aber Daniel zu halten / bezeiget Christus selbsten / welcher aus demselben in seiner Predigt ein Stücke genommen / und solches seinen Zuhörern fleißig zuerwegen befohlen hat.

Weil dann nun diese die allerschwereste Zeit / so sollen wir mit Fleiss solche Weissagung / welche uns / die wir ietzo in der letzten Zeit leben / vor Augen gestellet / und geprediget wird / erkennen / und lesen / damit wir bey diesen gegenwärtigem Ubel wieder die Unglücks Wellen mit wahren und ungezweifelten Trost als mit einem Walle befstigen mögen.

aus: Sleidani Vier Monarchien, darinnen kürtzlich das jenige, was sich nach Erschaffung der Welt biß auf die unsere Zeit denkwürdiges zugetragen, begriffen, hiebevor aus dem Lateinischen Teutsch übersetzet (1659), S. 610–627.

Q 4: Das erste protestantische Geschichtslehrbuch? Melanchthons Bearbeitung des „Chronicon Carionis" (1566)

Die Chronik des Johannes Carion (1499–1537) dürfte neben Sleidans „Vier Monarchien" (Q 3) das bedeutendste Geschichtslehrbuch im deutschen Protestantismus bis mindestens in das späte 17. Jahrhundert hinein gewesen sein. Sie war es freilich nicht in der 1532 in Wittenberg erschienenen Fassung des namensgebenden Verfassers, der sich wiederum hauptsächlich auf mittelalterliche Autoren, insbesondere

Burchard von Ursberg, stützte.[5] Carion hatte sein Werk u. a. Philipp Melanchthon (1497–1560) übersandt, mit dem er – ebenso wie mit Luther – schon früh in intensivem Kontakt gestanden hatte. Dieser freilich zeigte sich nicht zufrieden mit dem Werk und unterzog es einer umfassenden, lateinischen Bearbeitung, die sein Schwiegersohn Kaspar Peucer (1525–1602) fortsetzte.[6] Wir zitieren hier aus der deutschen Fassung von 1566. Das „Chronicon" ist auf den ersten Blick nicht als Lehrbuch angelegt, ebensowenig Melanchthons Bearbeitung. Ganz zum Schluss aber wendet sich Melanchthon dann noch einmal ausdrücklich an die „Jugent", die er „vermanen" will. Das „Chronicon" wurde allerdings auch universitären Vorlesungen zugrunde gelegt (Q6).

Die Heiden haben auch zu allen zeiten Historien gelesen / darumb das solche zu wissen an sich selbs lieblich / und in Exempeln allerley erinnerung vorgestalt werden / beide wie ein jeglicher sich in seinem leben / darnach auch in der regierung halten sol / und was die ursachen grosses jammers und elends im Menschlichen geschlecht / und vieler erschrecklichen verenderung in den Regimenten sind / wie hievon Polybius sehr weißlich spricht: Historien wissen / sey die aller gewisseste anleitung unnd zubereitung zu aller weltlichen Regierung / und sey der beste Schulmeister / der allerley verenderung des glücks recht tragen leret.[7]

Wiewol ich jetzt nichts bedacht von Polybii spruch zu disputieren / so ist doch offenbar / und an ihm selb bekandt / das Exempla allen Regierungen zu rathen sehr nützlich und diestlich sein / Als die Stadt Rom hat die fürnembsten Gesetz und Gerichtßordnung von Athen empfangen / Hat auch offtmals in

---

5   Dazu ausführlich Prietz, Geschichte und Reformation (2007).
6   Zu diesen Bearbeitungen vgl. Mahlmann-Bauer, Die „Chronica Carionis" von 1532 (1999).
7   Gemeint ist vermutlich die Passage über den lehrhaften Wert der Geschichte bei Polybios, Historien, I.35, 8–10.

sonderlichen feeln derselben regierung Exempeln gefolgt / [... *Es folgt eine längere Reihe von historischen Beispielen. ...*]

Also ist im Deutschen Reich der höchste Rath der sieben Churfürsten / mit grosser weißheit bedacht und geordnet / durch welchen vormittelst Göttlicher hülff / das Reich in die fünffhundert jar fürnemlich erhalten.

Wiewol nu Gott selb dieses werck in denen / so diese ordnung gemacht und bedacht haben / sonderlich regiert und sie hierzu geneigt hat / so ist dennoch gleublich / das sie dabey etliche fürneme Exempel in allen Historien auch gesucht und bedacht haben / und haben zu Lacedemon die fünff Ephori fast gleiche gewalt gehabt / oder noch vor diesen die sieben Fürsten in Persia / so einen König mit gemeinem Rath wehlen musten.

Es dienen aber Historien nicht allein zu diesem / das man guten Ratschlegen und ordnungen folgen lerne / wie man sonderliche geschwindigkeit in Kriegßleufften offt nützlich nach anderer Exempel brauchen kan. Dieses ist etwas höhers / das Historien erinnerung und warnung sind / sich fürzusehen und zu hüten für dem / darauß erschreckliche verenderung und groß elend in Regimenten erfolget und verursacht / weil diese Regel durchauß war ist: Grossen erschrecklichen Sünden / folgen auch in diesem leben ungezweiffelt erschreckliche grosse straffen. Also melden alle Historien zu allen zeiten exempla / wie grausame Gotteslesterung / falsche Eid und Meineid / Tyrannische grausamkeit / auffrhur [!] / erschreckliche unzucht / reuberey / und andere dergleichen laster grausamlich gestrafft sein. Und sind solche straffen zeugnis / das ein Gott sey / welcher die sünder straffe / Auch zeugnis dieser und anderer Regeln: Gott wird den nicht unschuldig halten / so seinen namen mißbraucht.[8] Item / Wer das Schwerdt nimpt / soll durch das Schwerdt umbkommen.[9] Und insonderheit von unzucht:

---

8   Ex. 20.
9   Gen. 9.

Welche diese grewel thut / deren Seelen sollen außgerottet werden.[10] [...]

Darnach so sind in Historien viel andere erinnerung von vielen besondern fellen und hendeln / Als verbündtnis sind offtmals und gemeiniglich unglückhafftig / zuvorauß / wenn ungleiche Leut bündtnis miteinander machen / Denn vertrawen auff eigne macht und stercke / macht gemeiniglich stolz und hohmnut / dabey ist denn viel eitel unglück und elend. [...]

Historien leren ferner auch diese Regel / das man allein nötige ding vornemen und thun / und nichts unnötiges auß menschlichem fürwitz anfahen solle / und solcher fürwitz mancherley und ungleiche antreiben und ursachen. [... *Nämlich: Ehrgeiz, Halsstarrigkeit, Ruhmsucht. Das wird jeweils mit kurzen historischen Beispielen erläutert. ...*] So wir nun in Historien sehen unnd lesen / was für ein außgang unnd ende allerley fürwitz gehabt / sollen wir uns der Regel erinnern: Das wir allein nötige ding / unnd alles in Gottes furcht und anruffung seiner hülffe vornemen und thun / und alle unnötige ding mit ernst fliehen. [...]

Summa alle Historien leren allerley nötige Regeln / im gantzen leben unnd manigfeltigen rathschlegen nützlich zu gebrauchen / und ist ein besondere weißheit in Exempeln betrachten / zu welchen Regeln gemeines leben jede bequem und dienstlich sind.

Aber uber dieses alles wöllen wir jetzt sagen / Wozu uns / als Christlicher Kirchen Bürger und Gliedmassen Historien dienen / Dann dieselben umb folgender ursach willen zum höchsten in gottes Kirchen zu wissen nötig.

Erstlich weil sich Gott auß unermeßlicher gnaden offenbaret hat / und diese seine offenbarung in Schrifften und Bücher hat fassen lassen / ist dabey zu wille / das man sie wisse und verstehe / wenn das Menschlich Geschlecht angefangen

---

10 Math. 26.

habe / wenn darinn sein Kirchen erstlich angangen / wie die für und für gebawet / gesamlet und erhalten sey / wann und wie die verheissung von dem künfftigen Heiland seinen ewigen Son offenbart / erholt und erkleret worden / wenn und wie der Son Gottes / laut der verheissung / gesandt / was für grosse herrliche zeugnis und wunderwerck zu jeder und aller zeit gegeben / durch welche wir von Göttlicher lere und warheit gestreckt werden sollen.

Also will Gott auch das man gewisse unterscheid halte und verstehe / zwischen seiner ewigen waren Kirchen / und allen andern versamlungen und Secten / wie die namen haben / Und Summa er wil das man zu jeder und aller zeit verstehe / wie seine Kirche im Menschlichen geschlecht gewesen sey.

Derhalben hat er selb durch die lieben Vätter unnd Propheten der gantzen Kirchen Historien von anfang fleissig und in der schönsten ordnung mit eigentlicher angehengter Jarrechnung schreiben lassen / und ist der Kirchen besondere schöne ehr und zierde / das in keinem andern hauffen oder versamlungen Menschlichs geschlechts / kein eltere Historien aller Regiment und zeiten zu finden / deßgleichen niergendt kein eltere Jarrechnung zurück / dann diese in Gottes Kirchen / geschrieben ist. [...]

Zum andern / Das aber der Propheten Schrifft und Bücher desto eigentlicher verstanden werden / ist nötig das man der gantzen Welt Historien zu aller zeiten beysamen habe / unnd ist hierinn nützlich zu mercken / das Herodotus fast da sein Historiam anhebet / da des Propheten Jeremie endet / nemlich anzufangen von Aprie dem König in Egypto / welcher Jeremiam hat lassen umbbringen.

Also ist der gantzen Welt Historia von anfang gantz in diesen Schrifften gefasset / nemlich / In Mosi und der Propheten Bücher / in Herodoto / Thucydide / Xenophonte / Diodoro / welcher der Macedonischen König Philippi / Alexandri / und ihrer Nachkommen beschrieben hat / Darnach in Polybio / Livio / und in anderen / so nach Livio geschrieben.

Zum dritten ist nützlich und nötig Historien zu wissen / wegen vieler grossen sachen / davon in der Kirchen für und für streit fürfallen / Hievon recht zu sprechen und richten / geben die Historien nützliche anleitung / Als bald nach der Apostel zeit sind vil streit fürgefallen. [... *Es folgen eine Reihe von Beispielen aus der älteren Kirchengeschichte. ...*]

Hernach als des Römischen Reichs höchste macht durch die Gotten / Wenden und Hungern zerrissen / haben diese und andere frembde Leut / so in Welschlandt / Grecia und Asia sich nidergelassen unnd mit gewalt gesetzt / die Sprach verendert / und viel Kirchen und Schulen zerstöret und verwüstet / Daher ist in Christlicher Lere auch grosse blindheit und finsternis / und ein newe weiß zu leren erfolget / viel Aberglaubische Lere und irrthumb sind angenommen und bestetiget worden / als Seelmessen / Anruffung der verstorbenen Heiligen / und der Müncherey [= des Mönchtums] anfang. Und ist dabey zu Rom der Bäpste gewalt allgemach gewachsen / biß endtlich die Deutsche Keyser dieselbe mit grosser macht und gütern gesterckt haben / die ihnen in Italia etliche Landt und Stedt / zu unterhaltung des Kirchenregimentes / eingegeben / Solche erlangte macht haben die Bäpste hernach mit list und Kriegen vermehret / und viel mehr Landt und Stedt / so noch vom Römischen Reich ubrig / eingenommen und für sich gezogen.

Woher diese der Bäpste Kriege verursacht / kan man auß warhafftigen Historien gnugsam verstehen und richten / darinn zu sehen / mit was geschwindigkeit sie den Königen und Potentaten ihre Königreich beide zu geben und zu nemen sich unterfangen haben / und gedichtet / wie dem Apostel Petro die höchste gewalt auff Erden in der Kirchen und in den Regimenten gegeben sey [...] So lieset man / das die Bäpste viel Concilia gehalten / darinn ir irrthumb und Tyranney bestetiget und gesterckt sind worden. Ist derhalben gar nützlich Historien zu wissen / das man in solchen grossen sachen recht richten und urtheilen könne.

Zum letzten ist noch ein grosser hoher nutz / davon man offt gedencken sol / wenn man Heidnische Historien gegen der Christlichen Kirchen geschicht helt und ansihet.

In Heidnischen Historien sind allein Exempel Göttliches zorns und gerichts zu sehen / damit er grosse sünde und laster erschrecklich straffet [...] Aber in Historien Christlicher Kirchen werden beiderley fürgestellet / Exempel Göttlichs zorns und gerichts in grossen erschröcklichen straffen / Als in der Sindflut / an Sodomen und Gomorrhen verbrennung / an Pharaonis straff / und anderen unzelichen / so zu Gottes gesetz sollen gezogen werden. Darnach auch Exempel der Barmhertzigkeit und gnaden / die zum Evangelio gehören / und viel wunderbare zeugnis gnediger gegenwertigkeit und wirckung Gottes in der Kirchen / welche uns leren vom rechten glauben / rechter anruffung Gottes / und andern warhafftigen Gottesdiensten / und sind Christlichen hertzen solche zeugnis gantz tröstlich. Als das bald nach dem fall durch den Son Gottes unsere erste Eltern / Adam und Eva gnediglich getröst / angenommen und erhalten sind worden. [...]

Diese gantze allergnedigste ordnung und regierung der Kirchen zu allen zeiten nacheinander / ist gar nützlich zu betrachten / und soll diese erinnerung für und für in allen Historien gehalten werden / das man der Christlichen Kirchen Historien von allen Heidnischen hendeln und geschichten weit absondere / und darinn betrachte / wozu jeder zeit Gottes Kirche gewesen und herberg gehabt / was für lere für und für in derselbigen gehalten sey / welchs die vornembsten Lerer unnd Zeugen derselben gewesen / was für streit zu jeder zeit fürgefallen / was für Creutz und verfolgung sie gehabt / und endtlich wie sie in creutz und verfolgung zu jeder zeit errettet / geschützt und erhalten sey.

Diese kurtze erinnerung / wozu Historien nütz sein und dienen sollen / und das man Gottes Kirche von aller Heidnischer blindheit absondere und unterscheide / hab ich im anfang umb

der Jugent willen setzen und erzelen wollen / sie zuvermanen /
das sie Historien desto lieber und begiriger lesen / und in denselben Gottes Kirchen desto baß erkennen lerneten.

aus: Melanchthon, Newe vollkommene Chronica Philippi Melanchthonis (1566).

Q 5: Michael Neander über heidnische Gelehrte und Historie als Lehrmeister in „doctrinae in omni vita" (1580)

Michael Neander (1525–1595), eigentlich Neumann, hatte in Witten-
burg, u. a. bei Luther und Melanchthon selbst, studiert und wurde 1550
Rektor der Klosterschule Ilfeld, die unter seiner Führung zu großer Be-
kanntheit aufstieg. Maßgeblich trugen dazu seine viel besprochenen
und noch bis ins 17. Jahrhundert mehrfach nachgedruckten „Bedencken" bei, in denen er einen systematischen, nach den Lebensjahren der
Schüler aufeinander aufbauenden Unterricht entwirft. Die Geschichte tritt dabei als selbständiger Lehrinhalt erst in der letzten Phase, im
17. und 18. Lebensjahr der Schüler, hinzu. Für dieses Fach hat Neander
im Übrigen auch selbst ein kurzes, rund 40-seitiges Kompendium, die
„Epitome Chronicorum" (1582), erstellt.

[...] weil auch die Heiden / so one Gott / one Glauben leben /
und Christo / in zeitlichen / Weltlichen dingen / zu diesem eusserlichen Leben dienlich / offt etwas sehen / reden / schreiben /
bedencken / und rathen können / so wohl einem Christen nie
so hette mögen einfallen [...], als hat man nichts desto weniger
vor junge Leute auch ein besonder Büchlein / darinnen in son-
derheit gefasset / aus Aristotele, Platone, Xenophobe,
den dreyen weisesten / und fürnemsten Philosophis, so da
geschrieben / Ethica, Oeconomica, und Policia, (von welchen allen in Ethicis gehandelt / und uber diß sonsten allerley besondere Quaestones, und Casus expliciret werden /
darvon ein Praeceptor in lectione autorum, nicht unterrichten / und reden kan / und gleichwol zu wissen / gut /

und nützlich sein) und etlicher anderer / weiser / und gelerter Leute Bücher / Testimoniis, Reden / und Sprüchen mehr zusammen gebracht / wie man / nemlich unter den Leuten / in diesem eusserlichen Leben / auch ein Heide / ein Türcke / eingezogen / stille / in Ruhe / Friede / und Redligkeit / mit lobe leben / wol sein Haushalt führen / und im Weltlichen Regiment so regiren / das Friede / und Einigkeit / allenthalben erhalten / ein jeder das seine behalten / und die Obrigkeit / auch neben den Unterthanen / bleiben / und in Ruhe / Liebe / Frieden / und Einigkeit / bey einander stets sein / und Leben mögen / welches denn nicht mehr ist / denn ein stücklein Panis quotidiani[11] dessen auch die Christen / und Kirchen brauchen mag dieweil sie one die temporalia, hier in diesem zeitlichen Leben / so allerley Mittel haben / und brauchen muß / nicht sein mag / so ferne es wider Glauben / und Liebe / nicht lauffen thut / [...]

Und weil auch Studium, und Cognitio historiae, Imperatorum sive monarchium, und insonderheit Graecorum, und Romanorum duarum gentium calrißimarum & olium potentißime historiae, auch Historiae orbis gentium celebratiorum, als Gothorum, Hunnorum, Vandalorum, Sarracenorum, Turcarum, Tartarorum, und etlicher ander mehr / so in quarta Monarchia, grewlich rumort / schrecklich Haus gehalten / sie jemmerlich deformiret / zerrissen / und geschwechet / und nicht weniger ir zu den schwachen Beinen geholffen / darauff sie kömmerlich stehet / und sich zur noth kaum behelffen kann / nicht allein ein herrlich / lustig Studium, daraus Doctrinae in omni vita multipliciter proficuae,[12] von einem jedern genommen werdne können / sondern auch viel in Ecclesia, und in republica sine historiis, nicht kan expliciret werden / als were sehr gut und nütze / das man diesleben zwey

---

11 Tägliches Brot.
12 Die Lehre über alle Lebenslagen vielfach vorwärts kommt.

Jhar [= das 17. und 18. Lebensjahr] / einem Knaben / aber d i - v e r s i s d i e b u s [= mehrere Tage], und h o r i s [= Stunden], auch proponirte und enarrirte [= erzählte] ein fein E r u d i t a m , und Compendiosuam diversi Synopsis historiae impe- riorum, sive orbis gentium clarißimarum, a con- ditis rebus humanis ad nostram aetatem usque, continua ferie deducta,[13] darinnen nur eitel s e l e c t a , und i l l u s t r i a , und i n o m n i v i t a u s u r p a b i l i a ,[14] tradiret / und geleret würden / und neben diesem / eine feine e r u d i t a m p a r t i u m o r b i s t e r r a e d e s c r i p t i o n e m[15] [...]

aus: Neander, Bedencken Michaelis Neandri an einen guten Herrn und Freund, wie ein Knabe zu leiten und zu unterweisen (1580).

Q 6: Eine Vorlesung des Rostocker Geschichtsprofessors David Chytraeus über das „Chronicon Carionis" (um 1590)

David Chytraeus (1530–1600), eigentlich Kochhafe, war ein evangeli- scher Theologe. Nach dem Studium in Tübingen und Wittenberg, wo er noch Luther und Melanchthon selbst gehört, bei Melanchthon sogar gewohnt hatte, wechselt er 1550 an das Pädagogicum der Universität Rostock, wo er 1551 die Doktorwürde der theologischen Fakultät erwarb, 1563 zum Professor berufen wurde. Im Rahmen dieser Professur hielt er aber auch historische Vorlesungen. Von einer dieser Vorlesungen ist uns ein ganz besonderes Kollegheft überliefert, das Korrekturen aus anderen Mitschriften und weitere Anmerkungen, offenbar von Chytraeus selbst, enthält. Möglicherweise wollte er seine Vorlesung für den Druck über- arbeiten; erschienen ist dann aber jedenfalls nichts mehr in dieser Rich- tung. Wir drucken einen Auszug hier nach der deutschen Übersetzung

---

13 Gelehrsamkeit und umfassende Kenntnis unterschiedlicher Reichsge- schichte oder der wichtigsten Völker der Erde von der Erschaffung des menschlichen Geschlechts bis in unser Zeitalter.

14 Auf alle Lebenslagen Anzuwendendes.

15 Gelehrsamkeit in der Beschreibung der Erdteile.

von Kohlfeldt, der das Kollegheft aufgefunden und bekannt gemacht hat, unter Anpassung an moderne Orthographie.

Gott will, dass die wichtigsten Thaten, die nach seinem Willen in Kirche und Staat ausgeführt worden sind, nicht in Vergessenheit geraten, sondern dass die Nachkommen durch die Betrachtung der Vergangenheit zu wahrer Frömmigkeit und zu anderen Tugenden geleitet werden. Darum bitte ich Gott bei Beginn der Vorlesung, dass er unsere Lehr- und Lernarbeit segnen möge. Da es aber üblich ist, eine Einleitung zu geben, so will ich zunächst zwei Gründe betrachten, die uns veranlassen müssen, die Lektüre der Chronik zu pflegen: Die Kenntnis der Geschichte ist des Menschen besonders würdig, und sie ist auch ausserordentlich nützlich zur Lebensführung. Den zweiten Punkt will ich ausführlicher behandeln und durch Beispiele erläutern.

Die Geschichte ist die weise und beredte Schilderung der hauptsächlichen von Gott und den Menschen in Kirche und Staat, in Krieg und Frieden vollbrachten Taten.

Unter Chronicon versteht man einen Abriss der Weltgeschichte von Anfang der Welt bis auf unserer Tage. Wie beiden übrigen Wissenschaften am passendsten zuerst ein kurzer Abriss studiert werden muss, so auch in der Geschichtswissenschaft zuerst ein Chronicon; später, nachdem die Zeittafeln angeeignet sind, ist mit der Lektüre der Quellen zu beginnen. [...]

Der Mensch ist geschaffen, um die Werke Gottes kennen zu lernen und zu verehren: einerseits durch die Naturdinge, andererseits die geschichtliche Ereignisse; dadurch unterscheidet er sich vom Tier. Des Menschen wegen hat Gott sich offenbart, des Menschen wegen hat er die Beispiele in den biblischen Schriften verkündigen lassen, die mehr zur Besserung anleiten können als bloße Vorschriften.

Die beiden Hauptziele allen Studiums, die s a p i e n t i a e t e l o q u e n t i a, werden durch die Geschichtslektüre am meisten gefördert.

Ich komme nun zu dem zweiten Punkt und werde zeigen, dass das Chronikstudium von großem Nutzen für das praktische Leben ist. Vorschriften und Beispiele lenken den gesunden Menschen, am besten aber Beispiele. Die ganze Geschichte lehrt, dass Gott das Böse bestraft; das haben schon die alten Historiker gelehrt. [... *Es folgen zahlreiche Beispiele. Das Folgende steht am zweiten Vorlesungstermin. ...*]

Unter Chronicon versteht man ein Compendium der Weltgeschichte, das kurz die Reihe der wichtigsten Geschehnisse in Staat und Kirche von Anfang der Welt bis zur Gegenwart umfasst. Ich spreche nämlich von dem vorliegenden Chronicon Melanchthons, nicht von den Chroniken der einzelnen Völker etc. In dieser Chronik Melanchthons sind aber mit besonderem Verständnis die wichtigsten Geschichten dienen können, gescmückt. Deshalb sollte auch dieses Buch in der Hand eines jeden Studierenden sein und nicht bloß einmal, sondern öfters gelesen werden. [...]

Über den Zweck der Chroniklektüre und der Geschichtskenntnis: Sie helfen dazu, das Hauptziel aller Studien zu erreichen, nämlich die s a p i e n t i a oder das richtige Verständnis der menschlichen und göttlichen Dinge und die e l o q u e n t i a oder die Fähigkeit, richtig und angemessen zu reden oder zu schreiben. Zur Weisheit gelangt man durch die Betrachtung der großen Beispiele der Geschichte, wie schon vorhin hervorgehoben und wie Melanchthon in der Epistola dedicatoria ausführlich zeigen wird.[16] Dann wird aber auch durch die Lektüre der Melanchthon'schen Chronik die Fähigkeit, gut lateinisch zu schreiben, ganz besonders gefördert, und jede Rede wird belebt durch die eingestreuten Beispiele aus der Geschichte, die darin wie die Sterne leuchten. [...]

Mein Hauptzweck bei dieser Vorlesung wird es sein, die Quellen und diejenigen Autoren nachzuweisen, aus denen die

---

16   Siehe oben, **Q** 4.

einzelnen Geschichten und die Sinnsprüche und Zitate genommen sind. Da aber der Brief, der unserer Chronik vorangeht, über den Nutzen der Historie handelt,[17] so beginnen wir mit seiner Erklärung. [...]

aus: Kohlfeldt, Der akademische Geschichtsunterricht (1902), S. 217–220.

Q 7: Geschichte im Lehrplan der Landgräflich Hessischen Schulordnung (1656)

Diese landesherrlich erlassene Schulordnung für Hessen zeigt das Fach Geschichte als Beiwerk der sprachlich-rhetorischen Ausbildung.

20. Die Bücher dieser Class sind eben dieselbige wie in prima, allein die Hebraica und Historica außgenommen, doch mit dem unterscheid bestimpt, daß allhier mehr die Generalia in Logica, Rhetorica & historica, die specialia aber in Grammatica, Poetica, Musica und Arithmetica wol geübt, und noch drüber offica Ciceronis gehandelt werden.

21. [Die Schüler sollen] [...] aber in Sphaerica, Geometria und Historia gute fundamenta gelegt, und also zum eingang auff die hohe Schule zu nützlichern progressibus eine gute stuffe gemacht haben. [...]

[...] 1. Alle freie Künste, so in Schulen gelehret werden, als Grammatica, Rhetorica, Poetica, Arithmetica, Musica, Sphaerica, Geometria, Historica & c. sollen und müssen den discipulis dergestalt eingebildet werden, daß die Knaben in classibus inferioribus die gewöhnliche und gemeine definitiones und Regulen, die andern höhern aber die exceptiones, anomalias und observationes dazu wol und fertig außwendig lernen, und ansagen müssen, und ist jeglicher Praeceptor schuldig, bei der Analysi solche Regulen allwege zu erfordern. [...]

---

17   Damit ist ebenfalls die „Epistola dedicatoria" (oben, **Q 4**) gemeint.

9. Was sonsten das studium historicum anlanget, wiewol nicht gesuchet wird, daß ein Praeceptor sich groß bemühen, und alle oder sonderbare Historien seinen discipulis fürtragen solle, dennoch kan ein Praeceptor zu forderst ex sacris Bibliis die quatuor Monarchias[18] summarisch mit denen in prima classe handeln, und nicht allein Seriem Regnum, sondern auch Historias vel Apostolorum, vel Philosophorum, vel Regnum pro exercitio vernaculo aufgeben.

aus: Vormbaum, Evangelische Schulordnungen, Bd. 2 (1863), S. 455 und 464f.

Q 8: Landes- und Reichsgeschichte in der Ordnung des Gymnasiums zu Bayreuth (1664)

Brandenburg-Bayreuth bzw. dessen Vorgängerterritorium Brandenburg-Ansbach waren traditionell lutherische Territorien in den ansonsten weitgehend katholischen bayerischen Kernlanden. Die hier gedruckte Ordnung wurde dem „Gymnasium illustre Collegium Christian-Ernestinum" bei seiner Gründung durch Markgraf Christian Ernst im Jahre 1664 gegeben. Ein besonderer Schwerpunkt liegt auf der altsprachlichen und philosophischen Ausbildung. In den Absätzen über die historische Ausbildung – um deren Verbesserung es den Vätern dieser Ordnung ganz explizit bestellt ist – fällt neben der üblichen Reichs- die Betonung der Landesgeschichte bzw. dessen Autoren auf. Der hohe Anspruch an die Schüler wird durch die nachdrückliche Forderung der Quellenlektüre deutlich.

Ingleichen soll auch der Staat, so wol der Kirchen, absonderlich in Teutschlande, als auch des Weltlichen Regiments in dem vorigen Seculo, dergestalt gelehret werden, damit man sehen und verstehen möge, aus was hochdringenden Ursachen,

---

18 Gemeint sind hier die vier Reiche (babylonisch-assyrisch, persisch, griechisch-makedonisch und römisch-fränkisch) als allgemeines Lehrgebäude, wie sie noch lange die ältere Geschichte strukturieren, nicht Sleidans *De quatuor monarchiis* (**Q 4**).

die heilige und Gott wohlgefällige Reformation der Kirchen
sei angestellet worden; und wie viel man des wahren Christlichen Glaubens wegen, mit denen Widersachern zu thun gehabt
habe.

Was die Weltliche Historien betrifft, so ist uns nicht unbe-
wußt, daß dieses Studium mehrentheils ist also geführet worden, daß man die Historiam, und der Teutschen Geschichte fast
gantz hindan gesetzet, oder zum wenigsten gar schlecht tractiret habe; Demnach wollen Wir und befehlen hiemit ernstiglich,
daß in unserm Gymnasio die Historia rerum Germanicarum,
sowol aus alten, als neuen Autoren, wochentlich zwo oder drei
Stunden, aufs wenigste mit Fleiß gelehret werde. Der Anfang
soll von Cornelil Taciti Buch, de Situ & Moribus Germanorum,
gemachet, und dabei angeführet werden, was beim Julio Caesare, Strabone, Plinio & Claudio Ptolomaeo von gedachten rebus
Germanicis zu finden: Nachgehends soll die Historia rerum &
Imperii Germanici gelehret werden, nicht nur aus denen Recen-
tioribus, als Johanne Auentino,[19] Hulderico Mutio,[20] und Alberto Kranzio:[21] sondern vielmehr aus denen Antiquioribus Germa-
nicaruni rerum Scriptoribus, tanquam authenticis documentis
[= aus Originalquellen], namentlich Reginone Prumiense, Lu-
itprando, Wittichindo, Lamberto Schaffnaburgensi, Sigisberto
Gemblacensi, Ottone Frisingensi, Helmoldo, Godofredo Viter-
biensi, Conrado Vrspergensi, samt andern, die von Christiano

---

19 Gemeint ist der bayerische Hofhistoriograph Johannes Aventinus (1477-
    1534), der eine Reihe von historischen Werken verfasste – gut greifbar
    in Aventius, Johannes Turmair's genannt Aventinus sämmtliche Werke,
    6 Bde. (1881–1908).
20 Mutius, De Germanorum prima origine (1539).
21 Albert Krantz (ca. 1448–1517), Theologe und als Syndikus im Dienst der
    Städte Hamburg und Lübeck, verfasste mehrere landeshistorischen Ar-
    beiten, u. a. die *Wandalia* (Druck erstmals 1519) und die *Saxonia* (erstmals
    1520).

Vrstisio,[22] Justo Reubero,[23] Joh. Pistorio,[24] Marquardo Frehero,[25] und Melchiore Galdasto,[26] sind ediret worden. Welches ohne sonderbare Mühe geschehen kan, doferne der Historiarum Professor sich ad captum Auditorum accommodiret. Gleichwol ist keines Weges unsere Meinung, ob solte die Historia antiqua, Graeca & Romana, gäntzlich beiseits gesetzet werden, sondern Wir ordnen und wollen, daß auch die Autores Latini, als da sind Liuis cum Dionysio Halicarnassaeo, Cornelius Tacitus cum Dione Cassio, Suetonius, Vellejus Paterculus, Florus, Justinus, Cornelius Nepos, und andere mehr, doch keinesweges, wie bisanhero, da man die gute Zeit mit Phrases dictiren, meistentheils zugebracht, und die Jugend nur damit beschweret: sondern vielmehr dergestalt gelesen und fürgetragen werden, damit die Studirende zu solcher Wissenschafft, welche in rechtschaffener Gottesfurcht, und der wahren Klugheit bestehet, auch also zum Kern und Grund der Geschicklichkeit gelangen mögen. Wir tragen keinen Zweiffel, dofern durch diesen heilsamen Methodum, die Antiqua Philosophia, quae bonos fecit homines, wie Seneca bezeuget, wiederum herfür, und in Gang gebracht, und die Historia, als Vitae Magistra, & ab Exemplis demonstrata Philosophia, ins künfftige mit einem bessern Methodo, Fleiß und Ernst, als bishero geschehen, gelehret wird, daß durch Göttliche

---

22 Wurstisen, Germaniae historicorum illustrium (1581); ders., Bassler Chronick (1580).
23 Reuber, Veterum sciptorum qui caesarum et imperatorum Germanicorum res per aliquot secula gestas, literis mandarunt (1584). (Nachdrucke noch bis 1726).
24 Welcher der zahlreichen Pistors bzw. Fischer gemeint sein könnte, war leider nicht eindeutig zu identifizieren.
25 Gemeint ist der Jurist und Diplomat Marquard Freher (1565–1614), der mit zahlreichen Schriften zur Historie hervorgetreten ist, z. B. den Germanicarum rerum scriptores aliquot insignes (3 Bde., 1610/11) und dem Corpus francicae historiae veteris (1613).
26 Melchior Goldast von Haiminsfeld (1585–1635), ebenfalls ein berühmter Publizist mit vielen historischen Werken, so etwa die Alamannicarum rerum scriptores aliquot vetusti (1605).

gnädigste Verleihung, der unglaubliche Nutzen, sich bei künfftiger Nachwelt, in dem Weck werde verspühren lassen.

aus: Vormbaum, Evangelische Schulordnungen, Bd. 2 (1863), S. 630f.

Q 9: Johannes Bunos historische Mnemotechnik (1672)

Johannes Buno (1617–1697) hatte in Helmstedt und Marburg Theologie studiert und wirkte danach als Hauslehrer in Königsberg und Celle. 1653 wechselte er als Rektor und „Professor historiarum et geographiae" ans Gymnasium nach Lüneburg, wo er wenige Jahre später auch – wie damals durchaus üblich – parallel eine Pastorenstelle antrat. Seine „Historischen Bilder", von denen heute nur noch wenige g ä n z l i c h v o l l s t ä n d i g e Exemplare vorhanden sind, erfreuten sich rasch großer Beliebtheit; das Konzept wurde auch von anderen aufgegriffen und fortgeführt (Q 11). Die Einleitung, die sich ausführlich mit der neuen, visuellen Konzeption der Geschichtsvermittlung beschäftigt, ist ziemlich umfangreich und mußte daher für den Abdruck hier stark gekürzt werden. Insbesondere sind die umfangreichen Authoritätenverweise und die Ausführungen zur Vorgeschichte der Abfassung des Buches ausgespart worden.

　　Daß die Historien nicht allein groß und mercklich Stück der Erudition und Geschicklichkeit; sondern daß auch die höchste und nötigste Wissenschafften gutentheils darauff sich gründen und beruhen / ist bekandt und unstreitig. Dann was die T h e o l o g i a m oder das geistliche Studium betrifft; so hält sich dieselbe durchaus an die H. Schrifft; welche gutentheils in geistlichen Geschichten bestehet. Uber diß muß ein rechtschaffener Theologus auch in den KirchenHistorien erfahren seyn und wissen / was in derselben von Anfang biß hieher vorgangen; wie dieselbe fortgepflantzet; und was für Kertzereyen und Irrthüme entstanden / und wie denselben widersprochen und die Wahrheit vertheidiget worden. Von welchem allem die Kirchen-Historien gute Nachricht geben. So mag auch ein Theologus der Weltlichen Historien; weil derselben Kundschafft ihm zu vielen Dingen sehr dienlich / nicht wol entbehren. Ein Rechtsgelahrter / da ihm die Römische Historien solten unbekandt seyn / müste in vielen Stücken im finstern tappen; wie solches dem fürtrefflichen Juristen Accursio begegnet. Ein Medicus kan unmüglich alles selbst erfahren: muß derowegen aus den Observationibus Medicis, so nichts anders sind / als Medicinische historien von den Medicis notiret und angezeichnet / sich unterrichten lassen. [...] Insonderheit aber geben die Historien dem Politico ein grosses Licht; dann fast alle Lehren und Politica wie auch Ethica praecepta, oder Lehren sich auff Exempel / so entweder aus den Historien oder eigener Erfahrung genommen sind / füßen und sich setzen müssen. [...] Kurtz zu sagen / es fället im gemeinen Leben fast wenig für, da man sich nicht auff Exempel beziehet. Und über diß alles haben die Historien eine sonderbahre Anmuht / also / daß jederman / gelährte und ungelährte / alte und junge Leute dieselben gerne lesen / hören / und sich daran ergetzen: ob es gleich nicht allemal warhafftige Geschichte / sondern nur Mährlein seyn; so dennoch / wann seine Moralia und Lehren daraus fliessen / nicht nur anmuhtig zu hören / sondern auch guten Nutzen haben.

Es sind aber die Geschichte an gewisse Circumstantias und Umbstände gleichsam gebunden; welche der Lateiner in den gemeinen Verß gefasset.

Quis? quid? ubi? quibus auxiliis? cur? quomodo? quando?[27]

Nemblich 1. was für eine Person oder wer der sey / so diß oder jenes verrichtet: 2. Was das sey / was der gethan. 3. Wo und an welchem Ort es geschehen. 4. Was für Hülffe und Mittel darzu

---

27 Wer? Was? Wo? Mit welchen Hilfsmitteln? Warum? Auf welche Weise? Wann?

angewendet worden. 5. Warumb und aus was Ursachen es geschehen. 6. Wie und auff was Weise es zugangen. 7. Und dann zu welcher Zeit diß vorgangen. Es werden zwar in Erzehlung der Historien nicht allemahl die Umbstände alle miteinander gebracht. Dann die Ursache / warumb diß oder jenes geschehen vielmahl verborgen bleibet. So pfleget man auch wol eine Geschichte zuerzehlen / und den Thäter nicht allemahl nahmkündig zu machen. Es lassen sich sonst die gemeldten Umbstände einer Geschichte wol bey bringen und fassen; ohne was den Ort und die Zeit betrifft. Dann die Welt / in welcher die Händel vorgangen / sehr groß und weitläufftig: sie begreiffet mancherley Königreiche / Länder / Insuln und städte in sich / und muß der / so die Historien mit Nutzen lesen wil / derselben kündig seyn. Damit / wann die Erzehlung einer Historie eines Landes oder Stadt gedacht wird / in welcher diß oder jenes vorgangen / er wissen könne / wo dieselbe gelegen / an welchem Ort diß geschene. Die Zeit ingleichem in den Historien nohtwendig in achtzunehmen / ist zimblich lang. Dann von Anfang der welt biß hieher über die sechsthalb tausend Jahre gezehlet werden. und muß man offt nicht nur das Seculum, sondern auch die Jahre; ja vielmahl Monaten / Tage / auch wol Stunden observiren. Was nun die Kundschafft der Länder betrifft; so sind sonderbahre fürtrefliche Mittel und Vortheil vorhanden selbige zu erlangen: indem nicht nur das gantze Erdboden in denen Globis oder WeltKugeln künstlich abgebildet und fürgestellet wird / daß man / wie die Länder an einander ligen / und von den Wassern und Gebirgen unterschieden sind / gleichsam mit Augen sehen kan: man hat auch so viel künstliche und fertige Landtaffeln und seekarten; Item Städte und andere Orter so artig eingerichtet / daß fast ein jeder auch auff geringe Anweisung sich leicht darein zufinden weiß. Und ist zu diesem Vortheil desto besser zugelangen gewesen; weil Länder und Städte / wie sie mit Augen gesehen werden / sich also auch abbilden und abmahlen lassen.

Aber mit der Zeit und den Jahren dieselbe zu unterscheiden und also für Augen zustellen / daß sie sich fäste einbilden / fassen und behalten lassen / gehet es viel schwerer zu. Die Zeiten / Jahre und Tage mögen mit Augen nicht gesehen / und also auch auff solche Weise nicht wol abgebildet werden. Dennoch weil die Natur uns anweiset und die Erfahrung lehret / daß das jenige / was wir mit Augen sehen / sich bald fassen und im Gedächtniß behalten lasse: so haben unterschiedene gelahrte Männer diesem Wege gefolget / und die Zeit und Jahre etlicher massen abgebildet und für Augen gestellet. Wie dann für andern Christoperus Helvicus SS. Theol. D. und Professor auff der Universität Giessen seine Chronologiam deßwegen in Millenarios und Secula und die Secula in ihre Decennia eingetheilet; damit selbige für Augen stünden / und sich desto besser dem Gedächtniß einbilden liessen.[28] Und auff solche Weise haben auch andere Gelährte dem Gedächtniß zuhelffen / die Zeiten in Tabelln fürgestellet. Welche Weise den seinen Nutzen hat.

Aber weil solche Tabelln einerley Form und auff einerley Weise eingerichtet; und dann nur Ziffern und Wörter in denselben enthalten; so mögen die Zeiten und Jahre auff solche Art dem Gedächtniß nicht fäste eingedrücket werden. So viel mag durch solch Mittel mit grosser Müh endlich erhalten werden / daß man sich erinnern könne / was zu diesem oder jenem Seculo gehöre. Aber 100 Jahre ist eine lange Zeit / und lassen sich die Historien eines Seculi nicht wol vermengen. [...]

Gelahrte / so die Physicam studiret / und wissen was die Naturkündiger hievon lehren / denselben ist bekand / daß der Mensch vermittels der äußeren Sinnen alles fassen und lernen muß: und daß dieselbe nicht die Sachen selbst / sondern die

---

28 Gemeint ist der Hebraist Christoph Helwig (1581–1617), dessen *Theatrum historicum et chronologicum* (1629) in zahlreichen Neuauflagen und sogar in englischer Übersetzung weite Aufnahme fand.

davon genommene Species und Bilder den innern Sinnen über-
lieffern: welche dann ferner damit handthieren / und dieselbe
dem Verstandt fürtragen. [...] So etwas / was Aristoteles gesaget /
wahr ist / so ist es dieses. Der Verstand des Menschen könne
nicht anders verstehen / als wann er Bildwerck anschaue / und
könne in demselben nichts seyn / als was vorhin in den Sinnen
gewesen. [...] Der Vortheil / welchen das Gesicht für andern Sinnen hat / wird insonderheit darinnen wahrgenommen / daß /
da ein Ding zu beschreiben viel Wörter und manchmahl lange
Reden vonnöhten seyn / so kan das Auge / wann dasselbe Ding
ihm in einem Bilde fürgestellet wird / es in einem Blick begreiffen / zum Exempel: wil man ein fremdes Thier / einen Menschen oder sonst etwas unbekandtes mit Worten und Umb-
ständen beschreiben / so kan es nimmer so klärlich geschehen /
als wann ein solches im Bilde oder Gemälde fürgestellet wird.
Derowegen die Physici, so die Natur der Thier und Kräuter beschrieben / item die Anatomici, Mathematici und Mechanici
den Beschreibungen die Abbildungen ihrer Sachen gerne bey-
zufügen pflegen. Dann die Figuren und gemachte Bilder einem
Dinge näher kommen als die Wörter. [...]

Es mag von keinerley Bildern weder der Verstand / noch
das Gedächtniß / wie ettliche unvernünfftig und ohne Grund
vorgeben / beschwehret werden. Es ist noch kein Verständi-
ger gehöret worden / der sich / das sein Gedächtniß von Bild-
erwerck beschweret würde / beklaget hette. Man hat ja so viel
und mancherley Abbildungen der Fabeln / Historien / Thiere /
Kräuter / Städte und Länder / [...] welche mit unersättlichem
Lusten / und gar nicht mit Beschwerung angesehen und betrachtet werden. [...] Weil dann Bilder / eine Sache angenehm
machen; so hat man auch zu unsern Zeit Bilder-Catechißmos /
Bilderschulen; auch gar BilderPostillen: item Politica und Ethica artlich in Bilder verfasset. Daß der Poeten gantze Kunst auff
(!) Bildwerck und Mährlein bestehe / unter deren Anmuth sie
gute Lehren den Menschen beybringen wollen / ist bekand und

unstreitig. [...] Vor andern Dingen aber lassen sich Historien am besten abbilden; daher sind nicht nur Biblische Geschichte / sondern weltlich Historien in Kupffer und Bildwerck vielfältig gebracht. Gerhardus Johannes Vossius, der weltberühmte und hochgelährte Mann / zeiget in seinem Büchlein de Ratione studiorum, wie man die Knaben zu Historien zufassen / ja auch zu Vocabuln zu lernen durch Bilder anführen solle.[29] stehet also die Art durch Bilder etwas zulehren fäst und wolgegründet. [...]

Der grosse Nutz und gewaltige Vortheil / den die Lernenden auff solche Weise erhalten / mag mit wenigen Worten nicht außgedrucket; vielmehr aber im Werck selbst befunden werden. [...] Nach unserer Weise werden gemahlte Bilder dem Auge fürgestellet / welches dieselben ohne Müh und mit Lusten annimmet / und den inneren Sinnen überlieffert. Was man auch dadurch gefasset / mag nicht so bald / wie sonst ohne dieselbe geschiehet / wiederumb außfallen noch vergessen werden. Von einer so klaren und handgreiflichen Sachen hier mehr zu schreiben / wil mir fast verdrießlich fallen. Wende mich derowegen zu dem Bericht von dem Werck / und melde aufs kürtzeste / wie mit diesen Historischen Bildern nützlich zuverfahren.

Was nun dasselbe betrifft / so hat man die Zeiten zubemercken sich eines A. B. C., so uns der Zahlen erinnert / bedienet. Dann ja auch die Griechen und Hebräer / ingleichem die alten Lateiner Buchstaben an Statt der Zieffern gebrauchet. Wir aber nehmen das ABC in seiner Ordnung: und bedeut uns A1. B2. C3. D4. E5. F6. G7. H8. I9. K10. L11. M12. N13. O14. P15. W16 (Dann an statt des Q. nehmen wir W.) R17. S18. T19. v20. Wir kommen aber in diesem Wercke nicht biß auff 20, sondern in dem R oder 17. Seculo müssen wir auffhören. Nach diesen Buchstaben nun sind die Zeiten eingetheilet / also / das wir ein Wort genommen / so mit A anfänget / darauff wir Millenarium 1. oder das erste

---

29 Voss, De studiorum ratione opuscula (1654).

Tausend jahr gesetzet; solche Wort nun ist Adams-Stammbau. Den andern Millenarium oder das zweyte Tausend Jahr hat ein Wort / so mit einem B anfänget. Nemblich das Wort Bretter / darauff stehen die Historien des zweyten Tausend Jahrs. [...] Und also sind die Zeiten vor Christi unsers Heylands Geburt abgefasset. [...] Was nun die Zeiten nach unsers Seligmachers Geburt betrift / so sind dieselben in ihre 17 Secular abgetheilet / und in gewisse Bilder nach dem ABC, so uns der Zahlen erinnern / gesetzet: und weil uns A die Zahl 1 bedeut / so ist das erste Seculum auff einen Adler gesetzet; [...]

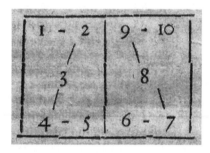

Es ist auch ein jedes Seculum nach Christi Geburt in seine zehn Decenia, ode zehen Theile / derer jedes zehen Jahr hält / abgetheilet: welche nach vorgemelter Ordnung[30] auff das Bild des Seculi gesetzet sich leichtlich unterscheiden lassen; [...] Ferner sind diejenige Sachen / welche zu einem Decennio gehören, weil sie nicht einerley / also eingetheilet / daß man die geistliche Geschichte oben und in die oberste Reihe gesetzet; in der nechsten die Römische Kayser: darauff folgen andere Könige / Regenten / und berühmte Männer. Bey den Kaysern und Königen sind die Zeit und Jahre ihrer Regierung notiret. Es haben

---

30 Diese Ordnung wird durch das hier reproduzierte Schaubild bereits bei den Ausführungen zur Geschichte vor Christi Geburt verdeutlicht.

auch die Kayser und Könige ihre besonderen Merckzeichen / dabey man sie erkennen und unterscheiden kan. [...] Was nun die Bilder und Conterfeyen der Patriachen / Propheten / Kayer / Könige und anderer Personen betrifft; so sind sie von denen Originalen herkommen / davon der Sibyllen, der alten Propheten / Könige und vieler Heiligen Conterfeyen und Abbildungen / so in Kupffer gestochen sind / genommen. [...]

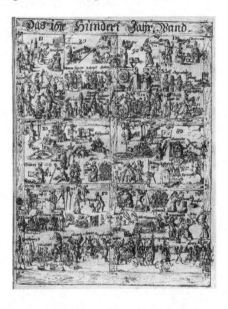

aus: Johannes Buno: Historische Bilder/ Darinnen Idea Historiae Universalis: Eine kurtze Summarische Abbildung Der fürnehmsten Geist- und Weltlichen Geschichte durch die vier Monarchien ..., Lüneburg: Bartold Elers, 1672, unpaginierte Vorrede und Mnemobild zum 16. Jahrhundert (hinter S. 152).

Q 10: Christian Weise über historisches Erzählen (1695)

Der Zittauer Gymnasialdirektor Christian Weise (1642–1708) ist in der Geschichte der Pädagogik kein Unbekannter.[31] Sein „Kluger Hoffmeister" war ein sehr erfolgreiches Schulbuch für die Fürstenerziehung;[32] es wurde von ihm selbst und anderen immer wieder überarbeitet und bis zur Mitte des 18. Jahrhunderts noch häufig nachgedruckt. Besonders an Weises Ansatz ist die frühe Hinwendung zur politischen Zeitgeschichte, die er namentlich auch durch Zeitungslektüre betrieben wissen wollte.[33] Insbesondere die Motivation der Lernenden liegt ihm offenbar sehr am Herzen, weshalb auch das historische Erzählen einen besonderen Stellenwert gegenüber dem Auswendiglernen einnimmt. Der hier abgedruckte „Vorbericht" findet sich so auch schon in der Erstausgabe von 1677. Weise hat ihr eine kurze Vorrede zur überarbeiteten Neuauflage vorangestellt, die sich aber auf editorische Hinweise beschränkt und nichts programmatisch Neues bringt; sie ist deshalb hier ausgelassen worden.

Es ist zu bejammern / daß die Historischen Studia mehrentheils bey der Jugend sehr weit hinaus gesparet werden / und offt etliche zwantzig Jahr dahin fliessen / ehe man sich an eine Jahrzahl gewöhnen lernet. Dest gleichwie alle Sachen / welche man zwischen zehenden und zwantzigsten Jahre begriffen hat / in dem Gedächtniß am allerbesten bekleiben / und sich nicht so leicht vergessen lassen / als das andere / welches in

---

31 Zu seiner Bedeutung als Gelehrter im Allgemeinen vgl. nur die Sammelbände von Behnke/Roloff (1994) und Hesse (2009); explizit zur Geschichtsdidaktik Weises dagegen Richter, Geschichtsunterricht im 17. Jahrhundert (1893); Döring, Inhalt und Funktion des Geschichtsunterrichts (1999) und Kümper, „Wer die Historien mit Nutz gebrauchen will ..." (2009).

32 Näheres bei Fertig, Die Hofmeister (1979).

33 Vgl. dazu auch seinen Zeitungstraktat, nachgedruckt bei Kurth, Die ältesten Schriften für und wider die Zeitung (1944).

folgenden Jahren gelernet wird; Also ist nicht länger zu läugnen / wer die Historien mit Nutz gebrauchen will / der muß sein Gedächtnüß mit vielen Nahmen und Zahlen überhäuffen / und kann dannenhero die jenige Zeit sehr löblich und ersprießlich darzu anwenden. Gesetzt auch / man wolte der Jugend Unverstand vorschützen / als wären die Sachen mehrentheils vor ihre Gedancken zu hoch; So ist es zwar nicht ohne / man wird ein Kind zu keinem perfectem Historico machen; Doch ist es auch nicht ungereimt / daß man allmählich einen Grund leget / darauff hernach der reiffe Verstand etwas kluges bauen kan. Und ich pflege offt also zu sprechen: Kan ein Kind die Spiel-Karte kennen lernen und kan es alle Männer und Farben lernen vernünfftig unterscheiden; Warum sol ein Knabe / wenn er spielende darzu geführet wird / nicht eben so viel in der Land-Charte begreiffen? Ingleichen sind die Kinder-Spiele / in welchen viel zu rechnen und zu zehlen ist / gar leichte zu behalten; Warum solt es ein so grosses Wunder-Werck seyn / wenn die Knaben an etliche Jahres-Zahlen nach und nach gewiesen werden? Ja die Namen der Länder / Städte und Persönen / lassen sich endlich so leicht mercken / als sonst ein Wort das dem Vocabulario nachgesaget wird. Und dannenhero bin offt mit mir zu Rathe gegangen / wie man doch der edlen und zarten Jugend mit etlichen vortheilhafftigen Handgriffen möchte zu statten kommen. Weil ich nun mehrentheils erwachsene Leute vor mir gehabt / und allezeit befunden / wie schwerlich die Versäumniß / welche bey den Knaben nicht geachtet wird / sich in folgenden Jahren verbessern und gleichsam auswetzen lässet: Als habe ich endlich an etlichen jungen Ingeniis einen Versuch gethan / wie weit es bey diesem Alter zu bringen sey; und nachdem solches von guten Freunden sehr nützlich nachgethan und gebrauchet worden / kan ich nicht vorbey / in diesem kurtzen Vorberichte etliche Reguln beyzutragen / welche in dergleichen Verrichtungen sehr nöthig / und durch die Erfahrung selbst bestätiget sind. Gestalt in der guten Hoffnung lebe / es werde von manchem mit Danck angenommen / oder doch / in Betrachtung der guten Intention, nicht von allen verachtet werden.

I. Anfangs / ehe man sich recht schicket / die Historien anzugreiffen / muß einige Wissenschafft aus der Geographie vorher gehen; Da nehme man die Charte von Europa und zeige erstlich die vornehmsten Länder; das ist Spanien / Franckreich / Engelland / Italien / etc. und frage continuirlich bald da / bald dort / biß durch die vielfältige Repetition alles bekannt wird. Alsdenn zeuge man die Haupt-Städte in den Ländern / das ist / Pariß / Londen / Madrit / etc. Und weil nichts in den Charten so sichtbar und kenntlich ist / als die Flüsse und Meer-Ufer / so nehme man allmählig die vornehmsten Flüsse mit darzu / das ist der Rhein / der Rhodan / der Tagus / etc. Wenn nun die Charte etlicher massen bekannt worden ist / so darff man nicht dencken / es sey nun alles gut! sondern weil die jungen Leute dergleichen Sachen halb wieder ausschwitzen / so muß alle Tage eine Repetition vorgehen. Und kan man sich nicht besser helfen / als wenn man die Knaben selbst einander fragen lässet. Denn es entstehet eine kleine aemulation, daß einer immer den andern fragen will / was er nicht weiß; und also sieht sich der Fragende in der Charte um / und in dem er sucht / wird seine Memorie gestärcket. Der andere / weil er ingleichen den unbekanten Nahmen hin und mieder suchen muß / wird auch von Tage zu Tage in den Ländern bekanter. Ist Europa durch / so kan man Deutschland / und nach Belieben andere darzu nehmen / Nur daß Masse gehalten werde / und dieses Studium allezeit mehr einem Spiele / als einer ernsthaften Information ähnlich sey. Wie denn eben aus diesen Ursachen / nicht so wohl die ordentlichen Stunden oder sonst nach Tische vor Essens oder wenn sich eine Neben-Stunde fügen will / die Zeit anzuwenden ist.

II. Mit denen Jahr Zahlen / daran die Historien gebunden sind / geth es bißweilen etwas mühsamer zu.   Denn ob zwar etliche ingenia sich gleichsam auff den ersten Winck darein zufinden wissen; So sind doch hingegen etliche so langsam / das sie mit grosser Mühe dahin gebracht werden / wie sie ein Seculum von dem anderen unterscheiden sollen. Und da muß man die gegenwärtige Jahrzahl ansehen: Siehe / jetzt schreiben wir z. c. 1676. vorm Jahre schrieben wir 1675 u. f. f. Vor hundert Jahren schrieben wir 1576 etc. Und als Christus gebohren ward da hieß es. 1. 2. 3. endlich 100. 200. biß auff unsere Zeit / Auff diese masse giebt sich endlich der Verstand / daß es sich in die Zahlen schicken kan.

III. Und dergleichen Vorspiele können der Gelegenheit nach wohl in achten Jahren practiciret werden. Endlich wenn der Grund also geleget / so nehme man die historien vor wie sie von mir kurtz sind zusammen gezogen worden. Und ob es zwar so unnützlich nicht seyn solte / wenn sie an statt ihrer Lateinischen Exercitien / solche vertiren müsten; So ist doch diese Beschwerligkeit dabey / daß ein Knabe das Latein nicht wohl setzen kan / wenn der deutsche Stylus nicht nach der Lateinischen Art eingerichtet ist. Nun habe ich mehr auff deutsche Redens-Arten und Connexiones gesehen / welche de Verbo ad Verbum nimmermehr in andern Sprachen anzubringen sind. Am besten ists / man setze etliche Knaben zusammen / und lasse sie eine Paragraphum nach den andern laut lesen / und wenn solches ordentlich von einem Capitel zu den anderen getrieben worden / so wird man im Ausgange sich verwundern / wie durch dergleichen laute Repetition dem Gedächtnisse geholffen wird: Ich muß gestehen / in meiner Jugend wusten wir die Autores mehrentheils auswendig / welche wir lasen: / nicht daß wir mit vielen auswendig lernen wären geplagt und excarnificirt worden; Sondern weil wir alle pensa durch lautes und offtmahliges Lesen gleichsam durch die Augen und durch die Ohren zugleich / dem Verstande einbildeten.

IV. Wenn nun zum Exempel die deutsche Historie offt ist gelesen worden / so ist es nicht uneben / in folio etliche Bogen einzubessten / und nach Art der gebräuchlichen Chronologien kurtze Tabellen zu machen / damit die Synchronismi der andern Republicen è regione hernachmahls beygetragen werden / und also mit der Zeit eine Historie mit der andern verglichen wird. Oder wolte man Herrn Schraders zu Helmstädt Tabulas Chronologicas mit weissen Papier durch schiessen lassen / und solche darzu notiren / auch etliches von den gedruckten unterstreichen / so wäre desto beqvemer. Unterdessen muß man allezeit fragen / oder sie selbst untereinander fragen lassen / wenn ist Carolus Mag. Kayser worden? Wenn ist sein Geschlechte in Deutschland ausgestorben? Wenn hat D. Luther angefangen zu disputiren? Wenn ist die Augspurgische Confession verlesen worden? Etc. Ja es muß auch umkehret gefragt werden: Was ist 1530. 1517. 912. 890 vorgangen? Denn die Kinder sind wie jener einfältige Schulmeister / der kunte wol antworten / Sem war Noah Sohn / auf die Frage aber / wer Sems Vater wäre musste er stille schweigen: Derohalben muß es auf allen Seiten herum gekehret werden / damit der Verstand wohl excoliret wird.

V. Nebst diesem muß man bißweilen die Knaben im Hause / im Garten / oder wo es bequem ist / und da es nicht das Ansehen hat / als wenn sie studiren solten / herumführen / von den Sachen freundlich und annehmlich reden / auch einen nach dem andern fragen / höre / erzehle mir / wie ist es mit der Augspurgischen Confession hergangen? Wie hat sich der deutsche Krieg entsponnen? Wie hat der Pabste der deutsche Friede gefallen? Und da müssen sie angehalten werden / daß sie alles förmlich und deutlich vorbringen lernen. Massen es bey einem Menschen die anständig Tugend ist / wenn er seine Gedancken mit geschickten Worten an den Tag geben kan: und sonderlich die Historien / welche von dergleichen Beschaffenheit sind / daß sie imehrentheils in Discursen / das ist / in geschickten Reden müssen gebraucht werden. Ich weiß wohl / daß der Anfang schwer ist; Allein man muß / Gedult haben / und allezeit zurück dencken / wie man selbst in diesem Alter gewesen ist / will es nicht gehen / da helffe man ihnen ein / man sage es selbst vor / setze bißweilen ein Praemium darauff wer seine Erzehlung am besten ablegen kan.

VI. Weil ich hier an die Historischen Erzehlungen gedacht habe / so muß ich etwas anführen / welches die und anderswo sehr dienlich ist / und welches ich bey einem klugen Praeceptore gesehen habe. Die Knaben musten alle Abende ehe sie zum Gebet und hernach zu Bette gelassen worden / etwas erzehlen was sie im Hause gesehen hatten / es mochte so schlecht und so abgeschmackt heraus kommen / als es wolte; Den andern Abend musten sie dergleichen auffschreiben und vorlegen. Denn er sagte einem jungen Menschen muß die Zunge gelöset werden / daß er geschickt und ordentlich von den Sachen reden kan / die er gesehen hat. Und man gehe nur in die Richter-Stuben / und höre / wie bißweilen auch kluge und eingebildete Leute / wenn sie von geschehenen und gehörten Dingen ein Zeugniß beybringen sollen / alles untereinander werffen / und wie offt der Richter und der Beysitzer aus der Erzehlung nichts nehmen können. Drum woraus was kluges werden soll / bey dem fange man in der Jugend an. Ferner / sagte er lasse ich sie schreiben / erstlich / damit sie alle Gedancken hurtig auff das Papier bringen lernen / und nicht über einem Brieffe hernach etliche Stunden und etliche Bogen unnütz verderben; Zum andern / damit sie ihr Deutsches ortographicè, und nicht wie die einfältigen Weiber lernen zu Marckte bringen. Endlich beschloß er; Ein Lateinisches Exercitium ist aller Ehren werth; Allein wer deamit denckt seine Untergebene durch die Welt zu bringen / der ist entweder selbst nicht in der Welt gewesen oder er hat den Weltlauff noch schlecht in acht genommen.

VII. Derohalben wölte man nun solche kindische Erzehlung darbey treiben / so würde hernach die Zunge in den Historien desto fertiger seyn. Ich weiß nicht / ob ich dieses auch begehren soll. Wenn einer Historie gedacht wird / kan sie von dem informatore etwas weitläuffig erzehlet werden. Zum Exzempel / wenn der Augspurgischen Confession erwehnet wird / kan

man von Lutheranern hin und wieder ausgesprenget worden /
als gläubeten sie keinen Gott / und hielten nichts von den H.
Sacramenten / und wie sehr die Widersacher sich geschämet /
daß sie bey Ablesung der Confession ein anders hören müssen;
Wie der Kayser selbst das Exemplar zu sich genommen / wie die
Confession alle Sprachen versetzt worden / und dergleichen.
Also wenn an die Zerstörung Magdeburg gedacht wird / kan
leicht ein und ander betrübtes Exempel angeführet werden /
welches darbey vorgelauffen ist. Denn die Knaben hören gerne
etwas neues erzelen / und wenn solche Umstände vorkommen / lernen sie die Sache desto leichter behalten. Allein ich
weiß wol / in diesem Stücke sind manche Informatores selbst
nicht geübt / und gehöret auch eine expedite Natur darzu / daß
man alle Stunden so geschickt ist. Es mag es versuchen wer Lust
hat. Ich kenne Personen, die es mit Nutzen practiciret haben.

IIX. [!] Sonsten wird es auch thulich seyn / bey iedweder Historie das Verzeichnis der Kayser / welches am Ende beygefüget
ist / mit zu nehmen / weil dieses allenthalben gleichsam der
Schlüssel ist / dadurch man die Historien zu fassen pflegt /
wenn man weiß / was vor ein Herr eben die Zeit im Lande regieret hat. Doch ebenfals / wie gedacht / durch fleissiges lesen und
fragen. Die Könige hätte ich leicht beyfügen können. Doch die
Messe befiehlt zu eilen; und ist es leicht aus einem Chronologo,
ja auch der Historia selbst zu suppliren.

IX. Im übrigen hat es nichts zu bedeuten / wenn gleich bey
denen andern Studiis dieses Nebenwerck zwey biß drey Jahre
continuiret / und immer zu widerholet wird; Es sey denn / daß
ein Knabe mit einem extraordinar-gutem Ingenio begabt wäre.
Denn eine Sache lernet sich geschwindt: Allein was zum Grund
soll geleget werden / damit darf es nicht heissen; Qvod circa sit.
cito perit. Sondern ie mehr es getrieben wird / desto vollkom-
mener wird der folgende Nutz seyn. Wolte man bey guter Zeit
mit den Avisen einen Anfang machen / und solche lesen lassen / würde es um so viel desto mehr zuträglicher seyn. Und

möchte alsodann ein junger Mensch in die Historien selbst hinein gewiesen werden / da er befinden wird / wie begierig das Gemüthe / und wie glücklich der Forgang in den übrigen sey / wenn man schon von den Hauptstücken einen ziemlichen Vorschmack erhalten hat / Da hingegen ein andrer sich um gantz unbekannte Händel wenig zu bekümmern pflegt. In übrigen will ich nicht verbieten / die ersten drey Monarchien in etwas bekant zu machen: Wiewohl solches nicht so nothwendig / vornehmlich einem Politico, als die letzte Monarchie. Doch kan es füglich in Erklärung des Justini oder anderen Autorum geschehen. Wie denn auch / bey Lesung der Biblischen-Historien im alten Testament eine Erinnerung der Synchronisimorum viel zu der Sachen helffen kan. Und werden Herrn Schraderi Tabellen sehr viel bey der Sache thun / welche nochmals von mir zu fleißigem Gebrauch recommendiret werden.

X. Zwar wie hernach die Autores zu lesen / auch der Staat von allen Republiqven etlicher massen zu begreiffen ist / solches gehöret an einen andern Ort. Itzt habe ich mit kindischen Gedancken zu thun gehabt / und gestehe es gern / daß ich solche Erinnerung denenselben zu Dienste und Gefallen geschrieben habe / welche ihr Glücke in dergleiches Aufwartungen suchen / daß sie bey derselben Jugend treu und sorgfältig erscheinen.

XI. Was nun die Historien selbst betrifft / welche in kurtzen Capiteln angeführet werden / so habe ich mehr auf die neuen als auf die alten Sachen gesehen. Denn mein Fundament ist dieses: Es sind wenig Gemüther / welche den cursum Historicum gantz abwarten. Wer nun von den alten anfängt / und darnach ablässet / der kan sich seiner Historien wenig bedienen: Hingegen wer von dem neuen sich Anfangs berichten lässet / der kan es mit gutem Nutze auf den gegenwärtigen Staat appliciren / gesetzt er habe die alten Geschichte nicht so genau behalten. Uber dieses wird heuete zu Tage die alte Historie mehr darum geliebet / weil offt in denen gegenwärtigen Praetensionibus einige Erläuterungen daher geholet werden. Drum wer das neue nicht erkannt hat / wird von dem alten schlecht judiciren. Also ist dieses mein Rath / man lerne sich erstlich in das neue schicken / und nehme hernach / wenn der Grund geleget ist / bey heranwachsendem Judicio das alte / auch wol ohne Information darzu [...]

XXII. Was noch übrig ist / so bitte ich / es wolle der geneigte Leser sich dieser Arbeit gefallen lassen / und in Betrachtung des Nutzens / welcher hierinne bey der Jugend gesucht wird / ein annehmliche Urthel beytragen / oder doch zum wenigsten mit einem widrigen Judicio so lange anstehen / bis die Erfahrung und die Probe selbst den Ausschlag gegeben hat. Ich beschliesse mit dieser Erklärung des Kupffer-Tituls:

Ein Kind schaut in die Welt /
Und lernet durch die Welt sich selbst erkennen.
Denn was der Zeit-Lauff in sich hält /
Das kan man einen Spiegel nennen /
Darbey der Mensch sein eigen Thun besieht.
Ach was ist dran gelegen /
Daß sich die Jugend so bemüht /
Wer solchen Saamen streut /
Der findt im Alter Fruchtbarkeit.

> aus: Weise, Christian Weisens Kluger Hoffmeister, vorietzo aber auffs neue übersehen / an vielen Orten verbessert / und biß auff das 1688ste Jahr fortgesetzet (1695).

Q 11: Gottfried Ludwigs „Ordentliches Examen" schreibt Bunos „Historische Bilder" weiter (1704)

Aus Johannes Bunos „Historischen Bildern" ist oben schon ein Auszug gegeben worden (Q 9). 1704 nimmt der Schleusinger Gymnasialdirektor Gottfried Ludwig (1670–1724) das Werk wieder auf und führt es weiter. Ludwig hatte in Leipzig eigentlich Philosophie studiert, nach

dem Magister 1693 aber auch theologische Vorlesungen gehalten. 1713
wurde er dann auch als Professor der Theologie, der Logik und des Na-
turrechts an das Gymnasium Coburg berufen und erlangte 1714 noch
den Doktor der Theologie an der Universität Altdorf. Seine Vorrede
gewährt einen schönen Einblick in die konkrete Arbeit mit einem Ge-
schichtsbuch im gymnasialen (d. h. gelehrten, auf die Universität hin-
führenden) Geschichtsunterricht.

Nöthiger Vorbericht zum Examen über die Universal-Historie.

I. In dem Hoch-Fürstlichen Gymnasio allhier in Schleu-
singen wird / seint der Anno 1699. unter Hoch-Fürstlichem
Sachsen-Naumburgischen Directorio angestellten solennen
Visitation, Bunonis teutsche Idea Historiae Universalis publi-
ce tractiret / welche auch ohne Bildern Anno 1702. bey uns aus
ganz erheblichen Ursachen nachgedruckt worden.

II. Weil aber in genannter Idea zwar nach den illenariis, Seculis und Deceniis eine schöne Ordnung gehalten wird / doch
bey der Jugend nöthig seyn will / daß das Examen über die Kayser / Scribenten / Päbste / Ketzer / Concilia und anderer Merckwürdigkeiten / d. i. der Kirchen / Politische / Gelehrte und
Miscellan-Historie auff itzt von mir dargelegte Art angestellet
werde; so habe [ich] anfangs unsern Bunonem in dergleichen
Seriem gebracht / und eben diese Arbeit ein Examen über Bunonis Ideam tituliret.

III. Nach der Zeit / und als der Nutzen mercklich verspüret
ward / bin ich auff die Gedancken gerathen / um alles dictiren
und citiren zu verhüten / schon gemeldtes Examen in Druck zu
geben / also zwar / daß in einer Seiten-Linie die Chronologie,
in der andern die Citation der paginae im Bunone befindlich;
allermassen aus der ersten allegation so wohl im privat- als pu-
blico Examine leicht zu erkennen gewesen wäre / zu welchem
Millenario, Seculo und Decennio ein iedes gehöre / aus der andern / wo berührtes in Bunone möge nachgeschlagen werden.

IV. Doch / eben dieser Vorsatz wäre nur denen zum Besten ausgeschlagen / die sich mit uns Bunonis Ideae Historiae Universalis bedienen; da hingegen das Absehen bey dem Druck seyn muste / daß auch andere Gymnasia und Schulen / die andere Autores in Erlernung der Historiae Universalis brauchen / unser Examen sich zu Nutze machen kjönnten.

V. Solcher Gestalt gefiel mir

1. Ehemals beliebte Ordnung zu behalten / und die Kayser / Scribenten / Päbste / Ketzer / Concilia und übrige Merckwürdigkeiten nach der Chronologie zu erzehlen; worinn aber das gesetzte Jahr / z[um] E[xempel] bey den Königen und Imperatoribus den Antritt der Regierung / bey den Scribenten und Ketzern / wann solche sonderlich bekandt worden / andeutet;

2. Zwar öfters in den Text die Bunonischen Worte / um derer willen / die Bunonem haben / einzurücken / da mir sonst diese wenige Aenderung leicht gewesen; Doch

3. Also zu procediren / daß ich keines plagii möge beschuldigt werden / was zu einem Examine nicht gehöret / wegzulassen / und / was sonst noch nöthig / aus andern Autoribus hinzu zu thun; wiewohl ich auch glaube / ein unpassionirter werde bey Durchlesung leicht erkennen / was aus Bunone, angeführter Ursachen wegen / behalten sey / oder was ich / sonderlich in den letzten Seculis, gearbeitet habe.

4. Eine Seiten-Linie nebst Spatio zu setzen / wohin ein ieder die pagniam seines Autoris nach Gefallen tragen möge / und da er ja grössern apparatum haben sollte / wird der Sache mit eingefügtem reinen Papier leicht zu hleffen seyn.

5. Endlich dahin zu sehen / daß ein Anfänger vor sich das Examen brauchen / dann aber auch Praeceptores selbst / denen es gefällig hierdurch andere Autores Historiae

Universalis mit ihren Untergebenen examiniren und repetiren können.

VI. In der Zeit-Rechnung habe ich den probatesten Chronologis gefolget / und / wo es seyn wollen / die Sachen zur Bunonischen Chronologie reduciret; wo es mir aber nicht möglich geschienen / Bunonem verlassen / der ich immittelst die von ihm verfertigte Ideam bestens recommendire / und vorhandene so wohl Lateinische als Teutsche Editiones in bißherigem Lobe auch hierdurch / nach meinem Vermögen / zu erhalten suche.

VII. Weil in das letzte oder siebenzehende Seculum nach Christi Geburt die Haupt-Sachen der verflossenen drey Jahre des achtzehenden Seculi gebracht sind / achtete ich es vor unnöthig / hierüber besondere Fragen abzufassen / werde aber / so GOTT Leben und Gesundheit giebt / mit richtiger Continuation nicht entstehen.

Diß sey gnug zum Vorbereit. GOTT erfreue uns bald mit der längst gewünschten Friedens-Post / und gebe zu gegenwärtigem Historischen Examine seinen Segen!

aus: Ludwig, Ordentliches Examen (1704), Vorrede.

Q 12: Geschichte im Lehrplan des Pädagogiums zu Halle (1721)

Das Hallenser Pädagogium war Teil der 1695 von Hermann August Francke eingerichteten Stiftungen und zunächst als „Erziehungs- und Bildungsanstalt für Kinder aus dem Adel und dem reichen Bürgertum" angelegt. Entsprechend war auch hier das Unterrichtsziel die Vorbereitung für ein Universitätsstudium.

Die VI. Abteilung: Von den Disciplinis litterariis. [...]

3. Historia

§ 1. Zur Historie wird niemand admittieret, der nicht vorher in derGeographie das Seinige getan, weil man ohne diese in jener nicht fortkommen kann. Daher auch aus diesem Grunde die Scholaren in den geographischen Klassen zum beständigen Fleiß mehrmals zu erwecken sind.

§ 2. Es ist aber eigentlich die Universalhistorie, womit es die Scholaren im Paedagogio zu tun haben; indem hernach ein jeder in den Spezialhistorien, die er nach seinem besondern Zweck auf der Universität zu traktieren hat, um so viel besser zurechte kommen kann, wenn er sich vorher einen rechten und aneinanderhangenden Begriff von den wichtigsten Sachen gemacht, welche vom Anfange der Welt bis auf unsere Zeiten in den vornehmsten Theilen der Welt vorgegangen sind.

§ 3. In Ansehung der Zeit kann die ganze Universalhistorie gar füglich in die Historie des Alten und Neuen Testaments eingetheilet werden. Bei dem ersten Hauptstück wird die Historie des Volkes Gottes zum Grunde geleget und der Synchronimus profanus nebst der historia litteraria nur nothdürftig mitgenommen. Die Historie des Volkes Gottes wird aufs neue gar füglich in 8 periodos abgeteilte.

Der erste periodus begreift die Erzväter vor der Sündflut und gehet von Adam bis auf Noah.

Der andere periodus begreift die 12 ersten Erzväter nach der Sündflut und gehet von Sem bis auf den Erzvater Jakob.

Der dritte periodus begreift die Zeit der Kinder Israel in Ägypten und in der Wüsten bis auf die Eroberung des Gelobten Landes und gehet von Josef bis auf Josua.

Der vierte periodus begreift die Zeit der Richter und gehet von dem Tode Josua bis auf Samuel.

Der fünfte periodus begreift die Zeit der Könige und gehet von Saul bis auf die Befreiung aus der babylonischen Gefängnis.

[...]

Der sechste periodus begreift die Zeit der Fürsten und Hohenpriester und gehet von der Befreiung aus der babylonischen Gefängnis bis auf die Makkabäer. [...]

Der siebente periodus begreift die Zeit der Makkabäer und gehet von Juda Maccabaeo bis auf Hyrcanum.

Der achte periodus begreift die Zeit der Herodianer und gehet von Herode Magno bis auf die andere Zerstörung Jerusalem.

1. Dieser periodus gehet in das erste saeculum christianum und also in die Historie des Neuen Testaments hinein. Daher wird hier hauptsächlich Herodis Magni ausgeführet. Ferner werden die Namen seiner Nachkommen und successorum angezeiget: ihre res gestae und fata aber bis in die synchronismum aliarum gentium saeculi primi christiani versparet, weil diese Dinge ohne die Kaiserhistorie nicht recht verstanden werden können.

Hierauf folgt

2. eine Einleitung in die Historie der 4 vornehmsten Königreiche, welche aus dem großen Reiche des Alexandri Magni enstanden; als da ist 1. das neue mazedonische Reich, 2. das asiatische Reich, welches aber bald ruiniert und in viele kleine Staaten zerteilet wurde, 3. das syrische Reich, 4. das neue ägyptische Reich.

Die Präparation gehet in diesen allen sehr kurz.

3. eine Einleitung in die römische Historie bis auf die Kaiser, da denn von dem Zustande der Römer unter den Königen und Burgemeistern zu handeln ist; hingegen fällt das dritte Stück, nämlich die Kaiserhistorie, in die Zeit des Neuen Testament und wird also daselbst in der historia universali zum Grund geleget.

Auch hier geht die Präparation ganz kurz.

§ 4. Bei dem andern Hauptstück, nämlich bei der Universal-historie des Neuen Testaments, leget vorgedachtermaßen die Kaiserhistorie den Grund: welche gleichfalls in 8 periodos ein-getheilet werden mag.

Der erste periodus handelt von den heidnischen Kaisern, ge-het vom Augusto bis auf Constantinum Chlorum und begreift ohngefähr die drei ersten saecula christiana.

> 1. Hier werden 1) die Kaiser vom Augusto an bis auf Constan-tinum Chlorum nacheinander kürzlich rezensieret. Darauf folgt 2) synchronismus aliarum gentium, 3) historia ecclesia-stica, 4) historia litteraria, 5) historia miscellanea.
> 2. Im synchronismo aliarum gentium werden hier res Partho-rum und Judaeorum kürzlich referieret und bei diesen letzten insonderheit auch die facta der Nachkommen des Herodis Ma-gni mitgenommen.
> 3. Im dritten saeculo gehören anstatt der Parther die Perser hierher.

Der ander periodus handelt von den ersten christlichen Kaisern vor und nach der Teilung des Römischen Reichs, gehet vom Constantino Magno bis auf Romulum Augustulum und begreift noch nicht völlig 2 saecula christiana.

> Nicht nur hier, sondern auch in allen folgenden periodis ge-schieht der Vortrag nach den vorgedachten 5 Stücken: im syn-chronismo aliarum genitum richtet man sich nach der Sache, weil ein Volk empor- und das andere herunterkömmt. Jedoch ist alles kurz zu fassen und meistens nur auf den Anfang und Untergang eines Reichs zu sehen; hingegen wird auch wohl die Historie eines Staats, der besonders merkwürdig ist oder uns näher angehet, an einem bequemen Orte una serie ganz kurz wiederholet, wie beim Alten Testament hie und da geschehen.

Der dritte periodus handelt vom Occident ohne Kaiser und begreift etwas näher als 3 saecula.

> 1. Von hier an ist in der Kaiserhistorie nur hauptsächlich auf das occidentalische Reich zu reflektieren, weil uns dieses näher angehet; doch wird das orientalische auch nicht gänzlich außer Acht gelassen, sondern im sychronismo aliarum gentium allemal zuerst, und zwar noch etwas umständlicher als andere Reiche mitgenommen.

Der vierte Periodus handelt von den karolingischen Kaisern, gehet von Carolo Magno bis auf Ludowicum Infantem (von 800 bis 912) und begreift etwas mehr als 1 saeculum.

Der fünfte periodus handelt von den deutschen Kaisern aus unterschiedlichen Häusern vor dem großen interregno, gehet von Conrado I. bis auf Lotharium II. und begreift etwas mehr als 2 saecula.

Der sechste periodus handelt von den schwäbischen Kaisern und dem großen interregno, gehet von Conrado III. bis auf Rudolphum I. und begreift noch nicht anderthalb saecula.

Der siebente periodus handelt von den Kaisern aus unterschiedenen Häusern nach dem großen interregno, gehet von Rudolpho I. bis auf Sigmundum und begreift etwas mehr als anderthalb saecula.

Der achte periodus handelt von den österreichischen Kaisern, gehet vom Alberto II. bis auf Carolum VI. und begreift beinahe 3 saecula.

aus: Vormbaum, Evangelische Schulordnungen, Bd. 3 (1864), S. 214–277.

Q 13: Hilmar Curas' „Einleitung zur Universal-Historie" (1723)

Hilmar Curas ist eine merkwürdige Persönlichkeit in der Historie des Geschichtsunterrichts, denn wir wissen praktisch nichts über ihn, außer dass er Lehrer am Joachimsthalschen Gymnasium in Berlin war. Seine in kurzen Fragen und Antworten gearbeitete „Einleitung zur Universal-Historie" allerdings war im 18. Jahrhundert eines der erfolgreichsten Geschichtslehrbücher. Dazu trugen auch die Neubearbeitungen durch Johann Schröckh (Q 22) und später von Karl Heinrich Ludwig Pölitz (1772–1838) bei, sodass die Curas'sche „Einleitung" noch bis 1818 in diesen Überarbeitungen immer wieder neu aufgelegt wurde. Dazu trug sicher auch bei, dass sie sich offen für Schulformen zeigte, die keine akademische Vorausbildung mit Blick auf die Universitäten anstrebten.

Als ich gegenwärtigen kurtzen Auszug der Universal-Historie zu meinem besondern Gebrauch aufgesetzet, war meine Meinung nicht, selbigen dem Druck zu übergeben; Nachdem aber derselbe nicht allein von hoher Hand gnädigst gebilliget, sondern auch bei vielen andern eine gütige Aufnahme gefunden, also habe selbigen auf deren Veranlassung, so wohl zu besserer und bequemerer Wiederholung derer, so bereits in der Historie einen guten Grund geleget, als auch zum nützlichsten und beliebigen Gebrauch für die, welche allererst den Anfang in der Historie machen, hiemit mitteilen wollen.

Meine Meinung aber gehet nicht dahin, daß man einen zarten Kopf mit Erzehlung einer langen Historie beschweren, sondern vielmehr demselben durch kurze Fragen zu Hülfe kommen solle; deswegen sind die Fragen aufs deutlichste gesetzet, und dergestalt eingerichtet, daß der Lernende gar leichte sich dabei der Antwort erinnern, und auf Befragen dieselbe von sich geben kann.

Wann nun der Lehrende diejenige Geschichte, worauf in der Antwort oft mit wenigen Worten gezielet wird, auf eine angenehme Art mit behöriger Verbindung erzehlet, so hat der Lernende den Vorteil, daß er unvermerkt die ganze Historie fasset und seinem Gedächtniß einverleibet. [...]

[*Beigefügt ist noch ein Dedikationsgedicht des Kölner Gymnasialrektors Christian Rubin:*]

> Wer die Historien der alten Zeiten liebet,
> Und, nebst der Gottesfurcht und wahren Tugend-Lehr,
> In solcher Wissenschafft die zarte Jugend uebet,
> Verdienet damit Ruhm und bey der Nach-Welt Ehr.
> Herr Curas will den Weg zu dieser Weißheit weisen,
> Da Er mit Nutzen ihm laeßt angelegen seyn;
> Den Kern derselben kurtz der Jugend anzupreisen,
> Drum leuchte unter uns sein heller Tugend-Schein.

[*Ein Beispiel aus den Curas'schen Fragen:*]

Wie nach sich dieser Kaiser [= Karl V.] der angefangenen Reformation an?

Er war nur eben auf den Thron kommen, doch suchte er die Sache wieder ins feine zu bringen, deswegen, als er den ersten Reichstag zu Worms hielt, ward Luther dahin gefordert, und bekam zu dem Ende ein sicher Geleit vom Kaiser.

Trauete er dann diesem sichern Geleite?

Man erinnerte ihn zwar an das Exempel von Joh. Huß, er sagte aber: Er wolte in Gottes Nahmen hinziehen, und wann auch so viel Teufel in der Stadt wären als Ziegel auf den Dächern.

Wiederrief er dann seine Lehre?

Nein; Und eben deswegen suchten die Pfaffen den Kaiser zu bereden, daß er dem Ketzer keinen Glauben halten solte. [...]

Wie ist der Nahme der Protestanten aufkommen?

Als die Papisten auf dem Reichstage zu Speier die Acht wider Luther und seine Glaubensgenossen wolten ausgeübt wissen, so protestireten der Churfürst zu Sachsen und der Landgraf von Hessen aufs höchste darwider, also daß der Kaiser muste inne halten, und daher wurden sie Protestanten genennet.

Was wird durch die Augspurgische Confeßion verstanden?

Als der Kaiser das Jahr darauf einen Reichstag zu Augspurg ansetzete, um zu versuchen, ob die Protestirenden mit der Römischen Kirchen nicht könnten wieder vereiniget werden, so überreichten die Lutheraner dem Kaiser ihr Glaubensbekänntniß, und solches wurde die Augspurgische Confeßion genennet.

aus: Curas, Einleitung in die Universal-Historie (1723), Vorrede und S. 127–129

Q 14: Johann Heinrich Zopf plädiert für eine gründliche Geschichtsbildung auf den „niedern Schulen und Gymnasiis" (1729)

Johann Heinrich Zopf (1691–1774), Sohn des Hofpredigers Johann Caspar Zopf, hatte in Jena studiert, war dort promoviert worden und habilitierte sich auch dort, bevor er 1716 einem Ruf an das Pädagogium in Halle (Q 12) folgte. 1719 wechselte er auf den Direktorenposten des lutherischen Stadtgymnasiums in Essen, 1721 wurde er – was nicht unüblich war – zugleich auch Pastor an der Getrudiskirche.[34] Sein „Grundriß" zählt zu den erfolgreichsten deutschen Geschichtsschulbü-

---

34 Weitere Einzelheiten bei Overmann, Geschichte der Essener höheren Lehranstalten (1928).

chern des 18. Jahrhunderts, was nicht nur die zahlreichen Nachdrucke und Überarbeitungen, sondern auch die regelmäßigen Verweise in anderen Schulbüchern und Handreichungen für das Geschichtsstudium zeigen. Bis 1790 erschienen 21 Neuauflagen, 1801 noch eine vollständige Neubearbeitung des Lehrbuches; noch 1810 wurde es unter dem Titel „Précis d'histoire universelle" ins Französische übersetzt. Zu Zopfs Schülern gehörte auch das Brüderpaar Johann Julius und Andreas Petrus Hecker, das eine wichtige Rolle in der Geschichte der preußischen Reformpädagogik spielen sollte.[35]

Das historische Studium findet sich in unserer Zeit auf solchen Fuß gesetzt und dermassen erleichtert, daß es auch zarten Gemüthern nicht schwer fallen kan, einen guten Grund in dieser nützlichen Wissenschaft zu legen. Dem ungeachtet äußert sich doch unter Gelehrten so geist- und weltlichen Standes, in Ansehung der historischen Gelahrtheit gemeiniglich ein nicht geringer Mangel. Es kan seyn, daß der weite Begrif der Historie, und die anscheinende Menge der Namen und Sachen manchen abschrecket, oder auf die Gedancken bringet, er müste seine edle Zeit und Gedächtniß-Kraft zu nöthigern Dingen aussetzen. Alleine es sind dieses nur Gedancken kleiner Gemüther, deren Haupt-Sorge ist, dasjenige zu erlernen, was ihnen am ersten ans Brod helfen kan. Hingegen sind auch viele andere in der Historie nicht zu Hause, denen es weder an Zeit und Mitteln, noch an Fähigkeit gefehlet hat. Dahero die Schuld wol an was anders liegen muß.

Und ich irre vielleicht nicht, wann ich die wahre Ursache dieses Mangels in den niedern Schulen und Gymnasiis suche. Denn da macht man entweder von der Historie gar wenig Werck, oder es wird dieselbe auf eine solche Art tractiret, daß den Lernenden alle Lust darüber vergehen muß. Sie können

---

35   Zu ihrem Wirken vgl. Bloth, Zwei Gesamtschulen (1970).

Jahr aus, Jahr ein memoriren, und dennoch darbey in der grösten Unwissenheit bleiben.

Man sollte zwar meinen, daß nachmals der Defect auf hohen Schulen reichlich ersetzet würde, man höret weitläuftige Collegia über alle Theile der Historie, man hat die gründlichste Anleitung zur Kirchen- zur Civil- und Reichs-Historie, man höret die schönsten Discurse über das Jus publicum und über die Staaten von gantz Europa. Alleine, daß viele aus dergleichen Collegiis so klug herausgehen, als sie hineingegangen, solches leget die Erfahrung klärlich zu Tage. Was ist die Ursache? Man setzet auf Academien billig voraus, daß derjenige, welcher Nuten aus solchen Collegiis schöpfen wolle, zuvor auf niedern Schulen durch Erlernung der Fundamental-Historie hinlänglich vorbereitet seyn müsse. Wo nun dieses nicht geschehen, so bauet man Schlösser in die Luft, und schiffet mit vollen Segeln auf der weiten See solcher höhern Wissenschaften gantz vergeblich herum.

Solchem unausbleiblichen Schaden haben nun diejenigen allerdings vorzubeugen, denen die erste Blüte der studirenden Jugend anvertrauet ist. Was thut man denn auf Schulen? Sind nicht die sogenannten litterae humaniores das Haupt-Werck, womit die Jugend soll beschäftigt werden? Wer weiß aber nicht, daß ausser der Philologie und Sprach-Kunst, auch die Historie nebst ihren Hülfs-Mitteln, der Geographie, Genealogie, und Chronologie, mit zu den litteris humanioribus gehöre, ja einen vornehmen Theil derselben ausmache? Wo nun also die Historie auf Schulen an die Seite gesetzet, oder doch auf eine fruchtlose Art getrieben wird, so beraubet man die liebe Jugend eines der nützlichsten Stücke der Schul-Gelahrtheit.

Will man aber die Historie mit rechtem Nutz der Untergebenen behandeln, so muß man das allernöthigste von dem nützlichen, da nützliche aber von dem überflüßigen oder mit allunnützem Zeuge wohl unterscheiden. Eine gute Ordnung und natürliche Methode, desgleichen ein lebhafter Vortrag kan zwar dieses an sich lustige Studium noch angenehmer machen; allein es ist darmit nicht alles ausgerichtet. Anfängern in der Historie ist es am dienlichsten, wenn ihnen kurtzer Abriß und richtiger Begrif der nöthigsten Veränderungen in einer guten Chronologischen Ordnung beygebracht wirde; sie mögen heranch von historischen Sachen hören, was sie wollen, so wissen sie gleich, wo sie zu Hause sind, und in welches Fach, so zu reden, dieses oder jenes gehöre.

Und eben dahin gehet die Absicht gegenwärtiger Grundlegung der Universal-Historie, wobey man sich beflissen, auf wenigen Bogen das nöthigste von der Civil- Kirchenund Gelehrten-Historie Alten und Neuen Testaments, das ist, von der Erschaffung der Welt, bis auf das Jahr Christi 1728. in einer leichten Ordnung zu entwerfen.

Man darf zwar jetziger Zeit über den Mangel historischer Handleitungen nicht klagen; es finden sich solche Compendia, die an sich selbst betrachtet, gut und nützlich sind. Allein es kan ein Werck an sich vortreflich seyn, deswegen ist es aber noch nicht bequem zur öffentlichen Information. Denn in einigen wird nur Anleitung zur Politischen, in andern bloß zur Kirchen-Historie gegeben; viele aber sind wegen ihrer Weitläuftigkeit zum Gebrauch der Schulen, da man kurtz gehen muß, so bequem nicht, als man wünschen möchte. Zugeschweigen, daß auch vielmals die Abtheilungen der Sachen und der Zeiten nicht allerdings nach dem Begrif der Jugend eingerichtet sind.

Doch hiermit tadele ich keineswegs die Arbeit rechtschaffener Männer, die sich durch dergleichen Schriften das Publicum schon längst verbunden haben. Ich will nur so viel sagen: Ein jeder hat nach Bewandnis der Umstände, seinen besondern Endzweck gehabt, nach welchem er, dem Nächsten zu nutzen, und seine Arbeit abzumessen, für gut befunden. Darum wird es auch mir verhoffentlich erlaubt sey, wann ich in redlicher Absicht, auf den Vortheil meiner Zuhörer, diesen kurzen Abriß der Historie ans Licht stelle; zumal aus ziemlich langer

Erfahrung bemercket, daß durch diese kurtze Lineamenten, der mir anvertraueten Jugend eine merckliche Erleichterung dieses Studii geschaffet worden.

Man hat sich aber keinesweges die Rechnung zu machen, daß man den gewünschten Endzweck der Information erreichen werde, wenn man weiter nichts thut, als daß man den Lernenden die blossen Namen und Jahreszahlen einzukäuen suchet: denn das würde der Jugend eben so wenig eingehen, als einem Patienten ein Pülverchen, ohne einige bequeme Feuchtigkeit. Woferne also ein Lehrer nicht alles wohl erläutert, und das verdrießliche Namen-Werck, durch untermischte Erzählung nöthiger und merckwürdiger Umstände angenehm machet, so ist die Arbeit meist vergeblich, und die vielen Namen sind bald wieder vergessen, wo man nicht eigentlich weiß, warum sie in der Memorie einen Platz verdienen.

Da nun in diesem kurtzgefaßten Entwurf der Historie keine umständliche Erzählung der Sachen enthalten, sondern durchgehends nur eine kurtze Anzeige derjenigen Dinge geschehen, welche man den Untergebenen durch fernern Discours und fleißige Wiederholung, einzuprägen hat, also will allerdings von nöthen seyn, daß ein docens einige der besten historischen Schriften zur Hand lege, und sich in den Stand setze, seinen Zuhörern über die vorkommenden Materien und Sachen, eine hinlängliche Erläuterung geben zu können. Grosse Folianten und weitläuftige Wercke durchlesen, wird einem Schulmanne, bey seiner mannigfaltigen Arbeit, wol schwerlich erlaubet seyn; es dienet auch solches nicht zu seinem Zweck, nach welchem er der Jugend nur das nöthigste beyzubringen hat. Daher es am besten, wenn er sich an wenige, aber gute und selecte Bücher hält. Und wird also nicht undienlich seyn, diejenigen Schriftsteller namhaft zu machen, derer man sich bey Abfassung dieses historischen Werckgens vornehmlich bedienet, und welche folglich auch bey beliebigen Gebrauch desselben, mit Nutzen können nachgelesen werden.

Demnach können zur Erläuterung der Historien Alten Testaments, sonderlich aber der biblischen Regenten und Kirchen-Historie vieles beytragen Buddei[36] und Langens Historia ecclesiastica Veteris Testamenti,[37] Mascampii Institutiones historicae,[38] Usserii Annales und Chronologia Sacra,[39] desgleichen auch Lundii Jüdische Heiligthümer.[40]

Die Völcker-Historie älterer Zeit ist einem Lehrer theils aus denen fontibus selbst, nemlich aus den griechischen und lateinischen Scribenten schon bekannt, theils aber kann ihm Cellarii Historia antiqua[41] hierbey gute Dienste leisten; gleich wie übrigens von der Gelehrten Historie der alten Zeiten Fabricius in seiner Bibliotheca Graecia & Latina[42] die beste Nachricht geben kan.

Was die Historie des Neuen Testaments betrifft, so sind zur Römischen Kayser- und übrigen Völcker-Historie Hübners historische Fragen,[43] Cellarii Historia media & nova,[44]

---

36 Budde, Historia ecclesiastica veteris testamenti ab orbe condito usque ad Christum natum, variis observationibus illustrata (1715-1719).

37 Lange, Historia ecclesiastica a mundo condito usque ad seculum a Christo nato praesens seu XVIII deducta et necessariiis imperiorum ac rei litterariae synchronismis instructa (1722).

38 Mascamp, Institutiones historicae, quibus explicantur res omnis devi, observata ubique peraequabilia temporum intervalla triplici partitione, in historiam civilem (1711).

39 Zopf lag wahrscheinlich die beide Werke vereinende Ausgabe Usher, Armachani annales veteris et novi testamenti ... [&] Chronologia sacra vetris testamenti ..., Editio tertia (1686) vor. Die Erstausgabe erschien 1650 in London.

40 Lund, Die alten jüdischen Heiligthümer, Gottesdienste und Gewohnheiten für Augen gestellt In einer ausführlichen Beschreibung ...(1722).

41 Cellarius, Historia antiqua (1730). – Als Gesamtausgabe mit den Bänden zu Mittelalter und neuerer Geschichte: Historia universalis antiqua, media, nova (1720).

42 Fabricius, Bibliotheca Latina ... (1697) und ders., Bibliotheca Graeca ... (1705).

43 Siehe unten, **Q 14**.

44 Cellarius, Historia nova (1696). Zur Gesamtausgabe vgl. oben, Anm. 41.

wie auch eines Anonymi Einleitung zur Römisch-Teutschen Historie,[45] hinlänglich genug.

Zur Kirchen-Historie N[euen] T[estaments] vor andern Spanheimii Historia ecclesiastica,[46] Langens Compendium Hist. Eccl.[47] Kortholti[48] und Rechenbergs Kirchen-Historie,[49] das Compendium Historiae Eccl. Goth.[50] Wie auch des berühmten Tübingischen Theologi Christian Eberh. Weißmanns Introductio in memorabiliam ecclesiastica historiae sacrae N. T. 4. Stutgart 1718, 2 Tomi.[51] Sonderlich findet sich auch in Uhsens Kirchen-Historie,[52] desgleichen in Walchens historischen und theologischen Einleitung in die vornemsten Religions-Streitigkeiten,[53] vieles, so zur neuesten Zeit gehöret.

Will man demnächst auch der Jugend einigen Vorgeschmack geben von der Gelehrten-Historie der mittlern und neuern

---

45   Ein solcher Titel läßt sich aus der Zeit vor 1729 nicht nachweisen. Vielleicht ist damit eine heute nicht mehr greifbare Vorausgabe des wenige Jahre später erschienenen Werkes von Georgisch, Versuch einer Einleitung zur Römisch-Teutschen Historie und Geographie in Chronologischer Ordnung nebst zugehörigen Land-Charten der alten und mitlern Zeiten (1732) gemeint.

46   Spanheim, Historia ecclesiastica veteris et novi testamenti (1683).

47   Lange, Historia ecclesiastica a mundo conditio usque ad seculum a Christo nato ...(1722).

48   Kortholt, Historia ecclesiastica novi testamenti kai epizomen a Christo nato usque ad seculum decimum septimum ...(1697).

49   Rechenberg: Summarium historiae ecclesiasticae, in usum studiosae iuventutis adornatum (1697).

50   Seckendorf/Böcker, Compendiumhistoriae ecclesiasticae jussu Ernesti pii D[uy] Sax[onia-]Goth[ana] in us[um] gymnas[ii] Gothari editum (1703).

51   Weismann, Introductio in memorabilia ecclesiastica historae sacrae novi testamenti ...(1718–1719).

52   Uhse, Kirchen-Historie des XIV. und XVII. Jahr-Hunderts nach Christi Geburth ...(1710).

53   Walch, Historische und theologische Einleitung in die Religions-Streitigkeiten außer der Evangelisch-Lutherischen Kirche, aus Johann Francisci Buddei herausgegeben, auch mit Anmerkungen erläutert und vielen Zusätzen vermehret (1724).

Zeit, so kan Reimani Einleitung in die Historiam litterariam,[54] Stollens Einleitung zur Historie der Gelahrtheit,[55] Menckens oder Jöchners Gelehrten-Lexikon,[56] Struvens[57] und anderer Wercke, hierzu behülflich seyn.

Unter den vielen Compendiis aber, darinnen die a l l g e m e i - n e H i s t o r i e vorgestellt wird, verdienet Ludwigs Universal-Historie,[58] wie auch Hieron. Freyers nähere Einleitung zur Universal-Historie,[59] wegen guter Ordnung und Deutlichkeit, ein besonderes Lob.

Ueberhaupt findet man von dem Studio historico gute Anmerckungen in des Französischen Abts Langlet du Fresnoy Anweisung zur Erlernung der Historie,[60] welches Buch um so viel nützlicher, weil demselben ein vollständiges Verzeichniß der vornemsten Geschicht-Schreiber angehänget ist.

Ich setze nichts mehr hinzu, als den wolgemeinten Wunsch, daß diese wenige Arbeit den gesuchten Endzweck bey der studirenden Jugend im Segen erreichen möge.

---

54 Reimmann, Versuch einer Einleitung in die Historiam Literariam derer Teutschen (1710–1725).

55 Stolle, Anleitung zur Historie der Gelahrtheit, denen zum besten, so den freyen Künsten und der Philosophie obliegen, in dreyen Theilen (1727).

56 Mencken: Compendiöses Gelehrten-Lexicon ...(1715). – Dieses Lexikon wurde ab der zweiten Auflage 1726 von Christian Gottlieb Jöcher neu herausgeben.

57 Gemeint ist vielleicht Struve, Introductio in notitiam rei litterariae et usum bibliothecarum (1704/1768).

58 Ludwig, Ordentliches Examen über die Universal-Historie vom Anfang der Welt biß auf ietzige Zeit ...(1704).

59 Freyer, Nähere Einleitung zur Universal-Historie (1728).

60 Lenglet du Fresnoy, Méthode pour étudier l'histoire ...(1714). – Danach zahlreiche Neuauflagen und mehrere Übersetzungen. Vgl. dazu unten, **Q 17**.

Grundlegung der Universal-Historie Alten Testaments.
Vorbereitung.

§.1.
Die Historie ist eine glaubwürdige Erzählung geschehener
Dinge; und hat den von historia, besehen, wissen.

§.2.
Es theilet sich die Historie in mnacherley Gattungen, nemlich

1. Die Ansehung der Materie / in politicam, ecclesiasticam,
litterariam, naturalem und artificialem.

2. In Ansehung ihres Begriffs / in universalem, particularem
und singularem.

3. In Ansehung der Zeit / in die Historie Alten und (Universal-Historie) Neuen Testaments, oder auch die Alte / Mittlere
und Neue Historie.

§.3.
Die Nutzbarkeit der Historie ist mannigfaltig:

1. Giebt sie Anlaß, die Weißheit, Allmacht und wunderbare
Regierung Gottes zu erkennen.

2. Kan man sich aus anderen Menschen Glück, oder Unglück, Regeln der Klugheit formiren.

3. Die Historie ist gleichsam das Auge der übrigen Real-Wis-
senschaften.

4. Giebt es dem Gemüthe ein edles Vergnügen, wann es so
viele Dinge, als an einer Kette, erwegen kan. Cicero fasset vieles
kurtz zusammen und spricht: Historia est testis temporum,
lux veritatis, vita memoriae, magistra vitae, nuntia vetustatis.
Lib. II. de Oratore c. IX.

aus: Zopf, Ausführliche Grundlegung der Universal-Historie. Nebst einem his-
torischen Examine (1729) Vorrede und S. 1f.

Q 15: Geschichte in Frage und Antwort – Hübners „Historische Fragen" (1735)

Johann Hübner (1668–1731) wurde als Sohn eines Richters in der Nähe von Zittau geboren, studierte Geschichte, Philosophie und Theologie in Leipzig und wurde 1694 Rektor des Gymnasiums in Merseburg; 1711 wechselte er als Rektor an das Johanneum in Hamburg. Er war der Lehrer von Curas (Q 13) und Zopf (Q 14). Seine „Historischen Fragen" erschienen zunächst in einer zehnbändigen, nicht für den Schulunterricht geplanten Ausgabe zwischen 1697 und 1702 und wurden in einer für den Unterricht entsprechend überarbeiteten, einbändigen Fassung posthum durch Friedrich Gottfried Elteste (1684–1751) herausgegeben. Aus dieser zitieren wir hier.

Herrn Johann Hübners, weiland hochberühmten Rectoris zu Merseburg und Hamburg, historische Fragen sind, als ein schönes und nützliches Schul-Buch, schon längst in der Welt, eben so bekannt als beliebt. Nicht nur vornehme Lehrer, in öffentlichen Schulen, haben sich desselben, insonderheit des ersthen Theils, darinnen die Universal-Historie enthalten ist, im Lehren bedienet, sondern auch, wo etwa bey hochadelicher Jugend und honetten [= anständigen, ehrenhaften] bürgerlichen Standes Kindern, ein privat Informator, die Historie hat treiben müssen, hat man vor allen Autoribus, den Hübner, (wie man insgemein zu reden pflegt,) dazu erwehlet. Und zwar nicht unbillig; sintemalen dieses Buch, in Ansehung seiner Deutlichkeit, schönen Ordnung, saubern in die Augen fallenden Drucks, fliessenden Schreib-Art, und herrlichen Methode, recht nach dem Geschmack junger Leute abgefasset ist, und sich daher einen besonderen Vorzug zueignen kan. uber dieses sind die darinn enthaltenen Sachen, von solcher Beschaffenheit, daß man sie der Jugend, als eine gelinde historische Milchspeise, oder Ariadneischen Leitfaden, gar wohl anpreisen mag. Und gesetzt, daß hie und da, etwas dabey könte erinnert werden, so wird es doch nichts erhebliches seyn: das Hauptwerck behält seine Richtigkeit, und man kan sicherlich trauen, daß durch die besagten Fragen, niemand zum historischen Ketzer werden wird. [...]

Es wissen [aber] viel privat Informatores, (von hochgelehrten und erfahrnen Schul-Männern ist hier die Rede keineswegs,) mit diesem schönen Buche nicht recht umzugehen. Ich schreibe was ich weiß, und zeuge was ich gesehen habe. Es nimmt z[um] E[xempel] ein ehrlicher Studente, in Städten und auf dem Lande, eine Condition an. Unter andern soll er auch die Historie tractiren. Der Hübner wird dazu bestimmet. Da ist nun öffters die Historie sein Werck gar nicht. Dannenhero gehet es bey der Unterweisung gemeiniglich also zu: man giebet den Schülern das Buch in die Hände, lasset sie ein Stück nach dem andern herlesen, und denn fleckweise etwas auswendig lernen, praetereaque nihil;[61] welches aber meines Erachtens, vor keinen historischen Unterricht passiren kan.

§ 4. Ich hoffe bey Verständigen Beyfall zu erhalten, wenn ich spreche: ein Praeceptor müsse bey der historischen Unterweisung gleichsam einen kleinen Professor abgeben, über seinen Hübner discouriren, denselben erklären, erläutern, u. s. w. Wozu sich Materie und Gegenstand gnug findet. So denn lieget ihm ob, den Untergebenen, die Historie auf die leichteste Manier beyzubringen. Nun sind zwar die Hübnerischen Fragen, an sich betrachtet, Methodeo erotematica,[62] das ist, nach der besten und begreiflichsten Lehr-Art abgefasset; die voranstehende Einleitung ist, als ein kurzter Begriff, vor die allerersten Anfänger, auch nicht zu verbessern; jedoch, gleichwie besagte Einleitung nur vor die historischen ABC Schützen gehöret: also hat man bey den mehr Erwachsenen billig das Buch selbst vor

---

61 Und sonst nichts.
62 Das heißt, sie sind nach der katechetischen Frage- und Antwort-Methode strukturiert.

die Hand zu nehmen, und da wird es nicht schaden, auf einen neuen Handgriff zu gedencken, wie die historische Übung, zwischen Lehrer und Lernenden, am füglichsten anzustellen sey, und dem Gedächtniß der Lernenden auf das fördersamste möge beygesprungen werden.

§ 5. Zu beyden, im vorhergehenden §. angeregten Stücken, könten die gegenwärtigen zweymal zwey und funfzig Lectiones mit ihren Anmerckungen, dienlich seyn. Diese Lectiones sind ein Extract des ganzen ersten hübnerischen Theils, und halten das Mittel zwischen der Einleitung und den völlig ausgeführten Fragen. Sie können nach Belieben, aus dem Autore gar leicht verlänert, oder aber, wo sie zu weitläuftig erscheinen, abgekürzt werden [...]

§ 6. Ich bin auf diese Arbeit nicht von ungefehr gefallen, sondern es ist solches durch gewisse Veranlassung geschehen. Als vor einigen Jahren meine Söhn heranwuchsen, fand ich vor nöthig, nebst öffentlicher Schule, dieselben auch zu Hause vorzunehmen. Unter andern führte ich sie zur Historie an, und bedienete mich der Hübnerischen Fragen. Ers tmusten sie sich die Einleitung bekandt machen. Hernach griff ich das Buch selbst an. Und weil mir des fürtrefflichen Herrn Hübners biblische Historien, ein auserlesen Muster gaben, so gerieth ich auf den Gedancken, ob es nicht Sache wäre, die politische Historie, in zweymal zwey und funfzig Pensa oder Lectiones abzutheilen, und jede Lection in gleichmässige kurtze Fragen zu zerlegen. Ich that einen Versuch, und siehe, es gieng an. Also habe ich nach solcher Methode geschulmeistert, und ohne Ruhm zu melden, eine gute Wirckung verspüret. [...]

[Ein Beispiel aus den von Elteste bearbeiteten Hübnerischen Fragen:]

In Religions Sachen

ist zu Kayser CAROLI V Zeiten das wichtige REFORMA-
TIONS-Werck des Herrn LUTHERI, durch Göttlichen Beystand,
glücklich ausgeführet worden.

Der anfang zur Reformation war dieser: Pabst LEO X.
schickte einen Ablaß-Krämer, Johann Tetzel genannt, nach
Teutschland, welcher um ein gewisses Geld nicht nur ver-
gangene, sondern auch zukünfftige Sünden vergab. Dawider
disputirte D. MARTIN LUTHER, ein Professor zu Wittenberg,
Anno 1517. öffentlich, und damit giengen die Religions-
Streitigkeiten an. Beym Fortgang solches Streites, wurden D.
Luthern die Augen immer weiter aufgethan, daß er auf das
Pabstthum einen General-Sturm wagete, und sich weder an die
ReichsAcht, noch an des Pabsts Excommunication kehrete.
Er hielt mit Lehren und Schreiben an, und zog das Evangeli-
um gleichsam unter der Banck wieder hervor. Seine in Gottes
Wort gegründete Lehre, breitete sich auch gar bald, nicht nur
in Sachsen, sondern hin und wieder in Teutschland, ja auch in
den Nordischen Königreichen aus, und man prophezeyte schon
damals: GOTTes Wort und Luthers Lehr, vergehen nun und
nimmermehr.

Gleichwie aber die glorwürdigsten Chur-Fürsten zu Sachsen,
FRIDERICUS SAPIENS und sein Herr Bruder JOHANNES CON-
STANS, Lutheri grosse Patronen waren: also hatte er hingegen
einen besondern grossen Feind an Herzog GEORGI, Marggra-
fen zu Meissen. So bald dieser Herzog GEORGE Ao. 1539. starb,
und das Land an seinen Bruder HENRICUM PIUM fiel, so gieng
die selige Reformation auch im Meißner-Lande vor sich [...]

5. Was ist in ReligionsSachen passieren?
6. Welches war der Anfang zu Reformation?
7. was geschahe beym Fortgang des angefangenen Religions-
Streites?

8. Wie ward D. Luthers LEhre von den Leuten abgenommen?

9. Welches waren D. Luthers grosse Patroni?

10. An wem hatte hingegen D. Luther einen besondern grossen Feind?

11. Was geschahe nach Herzogs Georgii Tode?

[...]

aus: Hübner, Hübnerus enucleatus & illustratus. Herausgegeben von M Friedrich Gottfried Elteste. Vermehrte und verbesserte Auflage (1735), Vorrede und S. 490–493.

Q 16: Über die Einrichtung der Vorlesungen am Braunschweiger Collegium Carolinum (1745/46)

Das 1745 durch Herzog Karl I. von Braunschweig-Wolfenbüttel gegründete „Collegium Carolinum" ist die Vorgängerinstitution der heutigen Technischen Universität Braunschweig. Ihre Hauptaufgabe war zunächst die Ausbildung von Beamten; rasch machte sich auch der Einfluß des zu dieser Zeit in Wolfenbüttel als Bibliothekar tätigen Gotthold Ephraim Lessing und anderer Aufklärer bemerkbar. Wie sehr Geschichte hier ein Anwendungsfach für den politischen-juristischen Dienst war, zeigt sich gut in dem Vorlesungsplan für das Wintersemester 1745/46.

[...] Die antiquitates Graecas, und zwar sacras und profanas zusammen genommen, wird der herr professor extraord. M. Heumann[63] jede woche zwo stunden erklären und sich dabey des compendii des herrn Höpfners[64] als eines Handbuchs bedienen.

---

63 Christoph August Heumann (1681–1764), lutherischer Theologe und Polyhistor. Zu seinem historischen Wirken vgl. Zedelmaier, Anfang der Geschichte (2003), S. 96–131.

64 Leider nicht zu identifizieren.

Bey erklärung der römischen alterthümer wird man sein augenmerk vornemlich auf diejenigen richten, welche in die erkenntniß der rechte ihren einfluß haben. Es wird daher der herr Greiner[65] aus Heineccii syntagmate antiquitt. Rom.[66] einen brauchbaren auszug machen und sich mit erläuterungen desselben wöchentlich zwo stunden beschäftigen, auch diese arbeit alle halbe jahr mti der historia iuris abwechseln.

Weil man die geographie, in soweit sie nur die grösse der länder, deren abtheilungen, grenzen, flüsse, städte etc. betrachtet, wie auch selbst die genealogie und heraldik als einzelne trockene wissenschaften für sich die absichten bey disen anstalten nicht fruchtbar genug zu seyn glaubet: so wird im Collegio carolino über alle diese dinge mit beyfügung dessen, was aus der mathematik, aus der physik und andern wissenschaften nöthig ist, ein collegium unter dem namen der staatsgeographie gelesen, und bey jeglichem lande dessen von natur oder durch menschliches beythun erhaltener vortheil, schwäche, regierungsart, oberherr etc. bemerkt, und alles dasjenige, was man sonst in die collegia über die staaten zu bringen pfleget, dahin gezogen werden. Zur grundlegung hierzu dürfte mit der zeit wol ein eigenes werk gedruckt und eingeführet werden. Fürerst und bis dahin wird man des herrn prof. Köhlers entwurf über den gegenwärtigen zustand Europens mit herrn Schatzens Atlante Hommanniano illustrato verbinden und die nöthigen sachen hinzufügen, auch gehörigen orts aus den zuverläßigsten reisebeschreibungen und andern nachrichten das dienlichste anführen, ja nach den umständen der zuhörer auch über das ceremonielwesen und die staatszeitungen nöthige anmerkungen machen und also den von diesem collegio

---

65 Gemeint ist Johann Heinrich Greiner. Näheres zu seiner Biographie war leider nicht zu ermitteln.

66 Heineccius, Antiquitatum Romanarum Iurisprudentiam Illustrantium Syntagma Secundum Ordinem Institutionum Iustiniani Digestum ... (1755).

gemachten begriff bestermassen befolgen. Diese arbeit hat der herr probst Harenberg übernommen.[67] Er wird ein halbes jahr und wöchentlich vier stunden darauf wenden.

Die universalhistorie wird herr prof. Schrodt[68] nach Estigs compendio vortragen,[69] in diesem vortrage sich aber vornehmlich bey denjenigen geschichten verweilen, welche überhaupt zu wissen dienen und in verschiedenen ständen nutzen schaffen. man glaubt, daß hierzu ein ganzes jahr hindurch täglich, ausser mittwochens und sonnabends, eine stunde hinreichend seyn dürfte.

Eben eine so lange zeit und wöchentlich eben so viele stunden hat man der kirchenhistorie gewidmet. Zum lehrer derselben ist der herr probst Harenberg erwehlet, und dieser wird dieselbe, weil man hoffnung hat, daß der herr Abt Mosheim nächstens einen nach den absichten des Collegii Carolini eingerichteten entwurf der kirchenhistorie heraus geben werde, fürerst über eben desselben Institutiones historiae ecclesiasticae lesen, daby aber stets vor augen haben, daß er sie nicht bloß für künftige theologos lese, folglich vieles übergehen, vieles hingegen umständlicher ausführen.

Des herrn hofrath Schmaus compendium[70] wird das handbuch in dem collegio über die reichshistorie seyn, welches der herr hofrath Erath[71] montags und dienstags eine stunde le-

---

67 Gemeint ist der evangelische Theologe und Historiker Johann Christoph Harenberg (1696–1774), der u. a. eine wichtige *Historia ecclesiae Ganderhemensis cathedralis ac collegiatae diplomatica* (1734) und eine *Pragmatische Geschichte des Ordens der Jesuiten* (1760) verfasste.

68 Gemeint ist Johann Heinrich Schrodt (1694–1770) – zu seiner Vorlesung vgl. Repgen, Der Dreißigjährige Krieg (1995), S. 194ff.

69 Eßich, Kurtze Einleitung zu der allgemeinen weltlichen Historie … (1707).

70 Schmauß, Compendium iuris publici S. R. I., zum Gebrauch der academischen Lectionen verfasset (1746/1782).

71 Gemeint ist Anton Ulrich von Erath (1709–1773), zunächst Archivar des Reichsstift Quedlinburg, später im Dienste des Hauses Oranien-Nassau, nicht nur als Archivar, sondern auch als Diplomat.

sen wird, wiewol demnächst mehrere stunden darzu werden genommen werden. Bey solcher einschränkungen wird man daher nur diejenigen materien, welche im staatsrechte ihren nutzen haben, hauptsächlich berühren, aber dabey die scriptores coaevos oder aetati proximos und nach beschaffenheit der zeiten pragmaticos mit bekannt machen, auch allemal die verbindungen und verhältniße, in welchen im jeglichen periodo des Reichs haupt und glieder unter sich gestanden, und dieses auch insonderheit in absicht auf die herzogl. Braunschweig-Lüneburgischen lande anzuzeigen unvergessen seyn. Man gibt bey dieser gelegenheit die zuverläßige versicherung, daß, sobald die umstände der zuhörer es erfordern, auch auf die historie der königlichen, chur- und fürstl. häuser und auf alle der historie beyräthigen hülfswissenschaften, insonderheit auf die münzwissenschaft, alles ernstes gedacht werden soll.

Auch die historie der gelahrtheit, welche der hr. prof. Reichard[72] über den hrn. D. Heumanns conspectum reip. litterar.[73] wöchentlich zwo stunden lesen wird und worauf also wohl ein völliges jahr gerechnet werden muß, wird auf eine solche art vorgetragen werden, daß die zuhörer nebst dem vergnügen, welches die gelehrtenhistorie mit sich führet, auch einen wahren nutzen davon haben.

aus: Koldewey, Braunschweigische Schulordnungen (1886), S. 235–237.

---

72 Leider nicht zu identifizieren.
73 Heumann, Conspectus reipublicae literariae sive via ad historiam literariam iuventi studiosae aperta (1718/1791) – zu Heumann s. oben, Anm. 63.

Q 17: Eine französische Einführung in die „Erlernung der Historie" in deutscher Übersetzung (1752)

Die „Méthode pour étudier l'histoire" des französischen Enzyklopädisten Nicolas Lenglet du Fresnoy (1674–1755) hat starken Einfluss auf die gelehrten Historiker und Schulmänner auch in Deutschland genommen. Hier zitieren wir aus der deutschen Übersetzung des Philipp Ernst Bertram (1726–1777). Er wirkte zunächst als Hofmeister des Erbprinzen von Sachsen-Weimar, später auch als Weimarer Regierungssekretär. 1763 wurde er Honorarprofessor für Staatsrecht und Geschichte an der Universität Halle, wandte sich aber schon mit seiner Ernennung zum ordentlichen Professor im darauf folgenden Jahr vollständig der Juristenfakultät zu. Von 1772 bis zu seinem Tode gab er die „Hallische Gelehrte Zeitung" heraus. Die Übersetzung der Fresnoy'schen „Méthode" widmete Bertram seinem Schüler, Herzog Ernst August Constantin von Sachsen-Weimar. Fresnoy (und mit ihm Bertram) betont besonders den Nützlichkeitscharakter von Geschichte – der stets auch ein angebbarer sein muss.[74] Das wird insbesondere im Kapitel über die „Schwierigkeiten der Historie" deutlich. Schon vor Bertrams Übersetzung ins Deutsche erfreute sich die „Méthode" auch in Deutschland großer Beliebtheit; u. a. empfahl sie auch Zopf in seiner erfolgreichen „Grundlegung" von 1729 (Q 14).

Das erste Kapitel.
Von dem Endzwecke, auf den man bey Erlernung der Historie zu sehen hat.

Wir leben in einem Jahrhundert, wo man sich mit grossem Fleiß auf die Erlernung der Geschichte legt; aber unter allen denen, so diese Bemühung erwälen, sind sehr wenige, die sich davon einen wahren Begrif machen. Einige betrachten sie als

---

74 Zu Fresnoy und seiner Methodologie vgl. Segal, Nicolas Lenglet du Fresnoy (1968).

eine wohlanständige Beschäftigung, welche auf die angenehme Art die Zeit vertreibet. Andere sehen sie als ein bequemes
Mittel an, ihrer Neubegierde Genüge zu thun; sie bilden sich
ein, sie wären ungemein geschickt, wenn sie von den Menschen, so zu allen Zeiten und in allen Reichen gelebet haben,
eine nachricht besäßen. Und diejenigen, welche sowohl in den
schönen Wissenschaften als in den übrigen Theilen der Gelehrsamkeit stark zu seyn sich dünken, glauben, wenn sie bemerket, was diese oder jene Geschichtschreiber sich für einer
Schreibart bedienet, wie artig und geschickt sie ihre Gedanken
beygebracht, was sie für Sitten und Gewohnheiten der Alten
angeführet, welche Oerter sie beschrieben; wenn sie ferner
darinnen den Fortgang und die Veränderung der Reiche, den
Anfang aller Religionen und die dabey merkwürdigen vorge-
fallene Begebenheiten, die Erbauung der Städte, den Ursprung,
die Reichthümer und die Macht der Völker, die wunderbaren
Zufälle und mit einem Wort, alles dasjenige, was in dem Alter-
thum zu betrachten und aufzuzeichnen würdig ist, beobachtet
haben. Ich weiß, daß diese Anmerkungen ihren Werth haben;
da aber die Absicht der Geschichtschreiber bey Verfertigung ihrer Schriften nicht gewesen ist, daß wir aus ihnen die Sprachen
erlernen, oder allein die Sitten eines jeden Volkes erkennen sollen, so muß man allerdings auf ihren Endzweck Achtung haben. Sie geben gemeiniglich vor, daß sie uns eine Richtschnur
zu unserer Aufführung vorlegten, und uns zur Ausübung der
Tugend anreizten, wenn sie uns Personen vorstellten, so dieselbe in einem sehr hohen Grad besessen haben; oder wenn sie uns
nicht zu einer so grossen Vollkommenheit bringen könnten, so
thäten sie zum mindesten so viel, daß sie uns von den gröbsten
Lastern abwendig machten, wenn sie zeigten, wie sehr gottlose
und boshaftige Menschen allezeit sind verabscheuet worden.
Derowegen muß man bey Lesung der Geschichten gute Lehren,
rühmliche Thaten, kluge Rathschläge, und besondere Ausgän-
ge wichtiger Geschäfte sich fleissig anmerken, welche, wenn

man in ebendergleichen Umständen gesetzt ist, einem nützliche Dienste leisten können.

Vornämlich wird es einem sehr dienlich seyn, wenn man die Abschildrungen, so die Geschichtschreiber von grossen Männern machen, untersuchet; denn dadurch geschiehet es manchmal, daß man sich bemühet den Personen, so man bewundert, gleich zu kommen, und daß man im Gegenteil die Handlungen derer, welche Anführung sie mißbilligen, vermeidet. Man kan also ohne grosse Mühe die Beispiele aus den vergangnen Zeiten mit den Erfahrungen, die man täglich macht, verbinden, und sie untereinander vergleichen. Man muß derwegen mit Fleiß den Ursprung und den Fortgang der Geschäfte, welche die Geschichtschreiber erzälen, und die verschiedenen Beweggründe, aus welchen sie unternommen worden seyn können, in Betracht ziehen, und zu finden sich bestreben. Man muß davon die Umstände sehr wohl in Acht nehmen und reiflich überlegen, was diejenigen, so dazu gebraucht worden, für Fehler begangen, und wie sich hergegen die betragen, welche dabey Verstand und Klugheit sehen lassen. Denn hierinn bestehet der Nutzen und der Gebrauch der Geschichte, daß man sowohl das gute, als das Böse überlege, und demselben nachdenke, um das eine nachzuahmen, und um das andere zu vermeiden.

Sein Gedächtniß mit einer unendlichen Anzal Jahre, Olympiaden, Epochen und Jahrhunderte angefüllet zu haben, diese grosse Menge von Königen, Kaysern, Kirchenversammlungen und Kätzereien zu wissen, heisset noch gar wenig von der Historie verstehen, und eine solche Bemühung verdienet nicht einmal den Nahmen der Wissenschaft der Historie. Denn Wissen heißt eine Sache aus Gründen erkennen; also die Geschichte wissen, heisset die Menschen, welche die Materie dazu geben, erkennen; und von ihnen klüglich urteilen. Die Geschichte erlernen heißt, die Beweggründe, die Meinungen und die Leidenschaften der Menschen erlernen, um das durch alle Triebfedern und Abwechslungen einzusehen, endlich um alle falschen Vorstellungen, welche sie dem Verstand machen können, und die Uebereilungen, die in dem Willen entstehen mögen, zu erkennen; mit einem Wort, das ist die Geschichte erlernen, wenn man sich selbst in andern erkennet.

Alle diese Dinge sind allen Menschen gemein; dennoch aber weiß man, daß der Unterscheid der Stände ein grosser Unterscheid in den Studiis verursachet.

Derowegen ist es nützlich und so gar nöthig, daß ein jeder seinen besondern Beruf betrachte, und die Erlernung der Historie in Absicht auf seinen Stand einrichte. Es ist ausgemacht, daß nichts gefährlicher für einen, der ein Privatleben erwälet, sey könnte, wenn er bey Lesung der Geschichtschreiber sich bey den Staatsregeln lange aufhalten und den Mitteln, wodurch man sich herfürthun, und an Hofe sein Glück befördern kann, eifrig nachdenken wollte. Man braucht nur ein wenig Betrachtungen zu machen, wenn man das Unheil, so ein solches seltsames Beginnen nach sich ziehen würde, einsehen will. Aus diesen Ursachen rathet man, nur diejenigen Geschichtschreiber zu lesen, welche mit den Umständen, darinnen man sich befindet, ein Verhältniß haben, welche allen Menschen gemein sind, das herauszusuchen, was zur Verbesserung des Verstandes und Regierung des Willens nöthig, und dieses dem ohngeachtet nach eines jedweden Stand und Beschaffenheit.

Das zweyte Kapitel.
Von den Wissenschaften, welche vor Erlernung der Historie getrieben werden müssen.

Man muß bey Erlernung der Historie eben so, wie bey andern Wissenschaften verfahren. Die natürlich Ordnung befiehlt, daß man bey den leichtesten Anfangsgründen anhebe, damit man sich in der Folge desto füglicher auf die Theile, welche schon gewisse Dinge zum voraus setzen, legen könne.

Sonsten wenn man bey den schwersten anfienge, so würde man sich ohnfehlbar der Gefahr aussetzen, einen Eckel daran zu bekommen, welchen eine gar zu grosse Arbeit bey dem Anfang verursachet; oder man würde, ohne zuweilen einen Nutzen daraus zu ziehen, die Mühe vermehren; wobey noch zu besorgen ist, daß ein solch wiedersprechendes Verfahren, sowohl in dem Verstandes Lehrlings, als in der Erlernung selbst Unordnungen anrichte.

Die Wissenschaften, welche bey Elernung der Historie zu Grunde geleget werden müssen, sind die Geographie, die Känntniß der Sitten und Gewohnheiten, und die Zeitrechnung. [...]

Das sechste Kapitel.
Die Ordnung, die man bey Lesung der Historie beachten muß.

Vorläufige Schwierigkeiten bey der Historie.

Nach der Chronologie muß man eine Einleitung in die allgemeine Historie zu Händen nehmen. Man weiß, daß diese Art der Historie in Ansehung der Geschichte jedes Landes dasjenige ist, was eine Generalcharte in Absicht auf eine Specialcharte vorstellt. In den Specialcharten siehet man weitläuftig die Beschaffenheit eines Reichs, und einer Provinz an sich selbst, in den Generalcharten lernet man die Lage dieser Theile in ihrem Ganzen. Also stellen die besondern Geschichten die Reihe der Dinge, welche einem Volk begegnet sind, in ihrem ganzen Umfang dar. Damit man aber alles verstehe, so muß man die Beziehung wissen, die eine jede Historie auf die andere haben kann, und dieses verrichtet ein Compendium, wo man mit einem Blick die gnaze Reyhe der Zeiten übersiehet. Es würde nicht undienlich seyn, wenn man mit dem Discours

des Herrn Bossuet, welches er über die allgemeine Historie ver-
fertiget, den Anfang machte.[75] Ich glaube nicht, daß man eine
vollkommenere Einleitung finden könne. Man trift darinnen
nicht allein eine richtige Chronologie, die Folge der Reiche und
die Zerstreuung der Völker an; sondern man lernt auch noch
daraus den Gebraucht, den man mit der Kirchen- und Profan-
geschichte machen soll; davon die erste dient, uns in der Religion zu befestigen, wenn man bedenket, daß sie mitten unter
der beständigen Veränderung der Zeiten und der Reiche unbeweglich und eben dieselbe geblieben. Man lernet sich auch
daruch von der Veränderlichkeit der menschlichen Dingen
überzeugen, wenn man die Zerstöhrung dieser grossen Monarchien siehet, so den grösten Theil der Erde einnahmen, und
vor welchen alle die anderen Reiche erzitterten; aber besonders,
wenn man sie dergestallt vernichtet siehet, daß es manchmal
unmöglich gewesen ist, die Stelle ihrer grösten Städte, wie man
es von Ninive bemerket, zu finden. [... Es *folgen eine Reihe kom-
mentierter Buchempfehlungen.*]

Da die Geschichte des Volks Gottes die gewisseste ist, und
man dabey das Vergnügen empfindet, die Folge der wahren Religion zu sehen, so ist sie auch diejenige, mit welcher man bey
Erlernung der Particulierhistorie den Anfang machen muß.

Hernach könnte man die Geschichte der Aegyptier und
Chaldäer untersuchen; sie sind die ältesten Völker, und scheinen den andern die Regierungs- und selbst die Religionsforme
gegeben zu haben. Hiernächst muß man sich bemühen, eine
Känntniß von den Alterthümern der Assyrer, Meden, Perser
und anderer auf diese erste Monarchien gefolgten Reiche zu erlangen.

---

75 Gemeint ist der in zahlreichen Auflagen und Übersetzungen weit rezi-
    pierte *Discours sur l'histoire universelle* (1681) des Jacques Bénigne Bossuet
    (1627–1704). Vgl. etwa Sommer, Sinnstiftung durch Geschichte? (2006),
    S. 338–342.

Bey der griechischen Historie muß man sich wegen der grossen Begebenheiten, so man darinnen bemerkt, und wegend er in derselben vorgefallenen wichtigen Abänderungen, länger aufhalten; und dieses ist auch vornämlich deshalb nöthig, weil bey diesem Volk mehr, als bey einem andern, gute Sitten und Artigkeit geherrschet haben.

Doch verdienet keines einer stärkern Achtung, als das römische Reich, welches sich auf den Ruinen der Griechen erhoben, und die Herrschaft der ganzen Welt besessen hat. Seine Reichthümer, seine Gewalt, die Billigkeit seiner Gesetze haben ihm die andern Völker unterwürfig gemacht, und es scheinet, als ob es noch durch die lateinische Sprache, welche dieselbe mit einander verbindet, über sie herrschte. Man muß sich mit aller Sorgfalt die Geschichte seit dem Augustus bekannt machen, weil man auch aus derselben in Absicht auf die Kirchenhistorie ein grosses Licht empfängt. Die beständigen Kriege, welche die Römer mit den Carthaginiensern führten, machen, daß man die Geschichte dieser beyden Völker zusammen, und aus eben denselben Schriftstellern erlernen kann.

Nach diesem muß man die Kirchenhistorie vornehmen: dieses ist das sicherste Mittel, sich in der Religion zu befestigen, wenn man sehen wird, daß sie sich mitten unter den Anfällen, so sie bey fremden Verfolgungen, und bey denen sich unter ihnen erhobenen Zerrüttungen und Irrungen ausgestanden, unbeweglich erhalten hat. Man kann auch sagen, daß dieses die einzige Historie ist, die uns dienen kann, unser Betragen nach den grossen Beispielen, welche sich darinn von allen christlichen Tugenden finden, zu bilden: daim Gegentheil die anderen Historien in ihren grösten Personen nur moralische Tugenden zeigen, die gemeiniglich von Lastern, so den Glanz der schönsten Handlungen auslöschen, begleitet sind.

Ich glaube, daß man hernach, obzwar ganz flüchtig, die Geschichte der Celten durchlaufen kann, welche in alten Zeiten Gallien bewohnet, und die, wie man weiß, ehemals Colonien nach Asien, Griechenland, Italien, Spanien und Deutschland geschickt haben. Nunmehr muß man sich sorgfältig auf die Geschichte von Frankreich legen, weil sie uns näher angehet, und weil sie, so zu sagen, die Geschichte unsrer Väter und unsrer eigenen Vorfahren ist.[76] Vornämlich muß man dasjenige wissen, was in den letztern Jahrhunderten vorgefallen ist, da dieses das beträchtlichste ausmacht, und wir auch von den beyden ersten Linien unserer Könige wenig sichere Nachrichten besitzen.

Es müssen auch die grossen Begebenheiten und Abänderungen, so in Deutschland, Polen, Moscau, Dännemark, Schweden, der Lombardey, Engelland, Spanien, Türkey und andern Theilen der Welt vorgegangen sind, nicht unbekannt seyn. Es ist wahr, man hat nicht nöthig, alle diese Historien aus dem Grund zu wissen. Es ist hinlänglich, wenn man davon nur allgemeine Begriffe hat, damit man die Beziehung, die sich zwischen ihnen und der Kirchenhistorie und den Geschichten unserer Nation finden, zu erkennen weiß. Oefters findet man in der Historie unserer Nachbarn Erläuterungen, welche uns dienen, die Bewegungsgründe und Ursachen vieler ausserordentlicher Unruhen zu erlernen, und die in unserer Historie nicht auseinander gesetet sind.

Ich bin versichert, daß die Lebensbeschreibungen grosser Leute uns zur Einsicht in die Geschichte eine starke Hülfe verschaffen. Man siehet unter den Regierungen der mächtigsten Könige die wichtigen Abänderungen eines Staats; man siehet in der Geschichte der grossen Staatsdiener das Betrachung und die Weisheit, so man zur Erhaltung eines Reichs bezeugen muß. Endlich so sind diese Arten von Historien öfters die schönste Oerte, und manchmal diejenigen, welche allein erkannt zu werden verdienen. Ich glaube auch, es wäre zu wünschen, daß ein jeder die Lebensbeschreibung eines der grossen Männer läse, der

---

76 Anm. Was hier der Herr abt von der Nothwendigkeit der französischen Historie saget, muß ein Deutscher auf die deutsche Historie anwenden.

in den Bedienungen, wozu er von der Vorsehung bestimmt zu seyn scheint, sich herfürgethan hat. Wir haben aber schon angemerket, daß man bey diesen Untersuchungen einen besondern Endzweck haben muß, entweder die Kirchengeschichte besser einzusehen, oder die Maasregeln, welche man in seinem Betragen annehmen will, gründlicher zu erlernen. Und man sollte es doch endlich für eine Wahrheit ansehen, daß es sehr unnütze wäre, und von einer grossen Eigenliebe zeugte, wenn man seinen Kopf von einer Reihe fremder Nahmen assyrischer und phönicischer Könige anfüllte, wenn man daraus, vornämlich in Absicht auf die Religion, keinen Vortheil zu ziehen weiß.

Schwierigkeiten in der Historie.

Da ich die Ordnung, nach welcher man die Geschichte erlernen muß, bestimmt habe, so muß man die wesentlichsten vorläufigen Schwierigkeiten derselben wissen. Es gibt deren soviel in den neuern als in den alten Reichen, aber ihr Unterscheid ist zuweilen zu merklich, daß ihre Erläuterung allezeit so wohl die eine, als die andere Historie angehen könne.

Die erste Schwierigkeit in der alten Geschichte entstehet aus der Entfernung der Zeiten. Was kann man gewisses sagen, was kann man umständlich und genau beschreiben, wenn man durch die Dunkelheit von funfzig oder sechzig Jahrhunderten durchbrechen soll? Darf man erstaunen, wenn man so viele Mühe hat, die Gebräuche, die Sitten und die Charakters der Völker zu entwickeln; die verschiedenen Prinzen, welchen die Gleichheit von einerley Tugenden einerley Nahmen beygeleget hat, zu unterscheiden; oder manchmal die unterschiedliche Nahmen, so eine einzige Person geführt, wieder in einem zu vereinigen? Sind wir nicht öfters mit gutem Grunde so verlegen, eine richtige umständliche Beschreibung von Begebenheiten zu geben, diese Stücke, die nach unserm Urtheil zu einer Historie gehören, wieder zusammenzufügen, und hergegen jene von einander zu sondern, so verschiedenen Völkern oder wenigstens verschiedenen Regierungen zukommen. Dieses sind die Umstände, worinnen sich die alte Historie befindet. Will man indessen etwas genau wissen, so muß man suchen, alle diese Dunkelheiten der Helden und fabelhaften Zeiten deutlich aus einander zu setzen. Es ist zuweilen von so grossem Nutzen, wenn man die Nahmen der Jupiter, der Mercure und der Hercule weiß, als wenn uns bekannt ist, wie viele Cainan gewesen sind. Aber man muß auch in diesem Studio eine gewisse Mässigkeit beobachten; weil, wenn es zu weit getrieben wird, es viel Zeit wegnimmt, und manchmal wenig Vortheil verschafft. Die Neubegierde, oder das Verlangen ausserordentliche Dinge zu wissen, sollte hierinn niemals die Richtschnur seyn; man muß sich hierbey allein von dem Nutzen regieren lassen. Ehe man sich darauf leget, so muß man untersuchen, ob das, was man lesen oder ergründen will, zur Erläuterung oder zum Beweis der Religion dienen kann, ob man daraus einige Lehre in Absicht auf die Sitten, die Regierung oder die Aufführung zu ziehen vermag, oder ob es unserm Verstand in nöthigen oder in der Litteratur nützlichen Dingen einiges Licht geben kann. Denn wenn man seinem Gedächtniß alle die Nahmen der Fürsten, welche ehemals in Aegypten, Assyrien, Babylon und China regieret haben, eindrücken wollte, bloß um sagen zu können, man wüste alte und artige Sachen, so wäre eben dieses so gehandelt, als wenn einer alle die Nahmen der Völker, so unter beyden Polen wohnen, wüste, und war ohne ein ander Absehen, als die Nationen zu kennen, von denen die andere Menschen kaum haben reden gehört.

Die neuere Geschichte hat einen diesem ganz entgegengesetzten Fehler. Da sie, also ist zu sagen, vor unsern Augen geschehen ist, so verbindet sie uns manchmal, in derselben auch die geringsten Kleinigkeiten nachzuforschen; man ist nicht zufrieden, wenn man überhaupt eine Handlung, ihre Ursachen, ihre Bewegungsgründe und Folgen weiß, man will auch alles dieses auf das ausführlichste wissen. Man bekümmert sich wenig darum, ob diese kleine Umstände eine Begebenheit schläfrig und verdrießlich machen, und ohne noch etwas zu der genauen Erkänntniß, so man davon haben muß, hinzuzufügen; man will sie als unnütze Dinge wissen, und dieses ist hinreichend.

Eben dieses hat die erstaunliche Menge Geschichtschreiber, von deren Gewichte wir gedrückt werden, gezeuget. Die heutige Historie hat einen wichtigen Fehler; dieser ist, die Erkänntniß der Regierungsformen. Man bilde sich nicht ein, daß alle Völker nach einerley Grundsätzen regieret werden. Man muß nicht die Bewegungsgründe ihres Betragens eingesehen haben, wenn man so urtheilen will. Ein jedes Volk hat die Beschaffenheit ihrer Regierung nach ihren Neigungen, oder nach ihren Nutzen eingerichtet. Dervon Natur phlegmatische Spanier würde nicht glauben, daß eine Sache klüglich ausgemacht wäre, wenn nicht die Untersuchung derselben einige Jahre in den Rathsstuben solcher Personen, die so langsam sich zu bestimmen, als geschwind etwas zu fassen sind, in die Länge gezogen worden wäre. Der hitzige Franzose will durch die Gewalt eines einzigen regieret seyn. Die Unruhe nach seinem Schicksal erlaubet ihm nicht, sich lange Zeit aufzuhalten und zweifelhaft zu seyn; er will, man soll von der Sache geschwind ein Urtheil fällen. Der allezeit argwähnische Engelländer will sich, in Ansehung der Herrschaft, nur der ganzen versammleten Nation anvertrauen. Dieses war ehedem auch unser Gebrauch, aber zum Glück haben sich diese Zeiten geändert. Diese Schwierigkeit ist eine von den wesentlichsten in der neuern Historie, und man muß alle seine Mühe anwenden, sie zu heben. Wir wollen in der Folge die Bücher anzeigen, welche diese Studium erläutertn können, das in unserer ganzen Historie eines der wichtigsten ist.

Die Veränderung die Mannichfaltigkeit der Nominum propriorum [= Eigennamen] ist eine andere Schwierigkeit in der alten Historie. Da alles dasjenige, was man davon weiß, einzig von den Griechen kömmt, so haben sie die Bedeutung der ägyptischen, phönicischen, assyrischen, chaldäischen und persischen Nahmen in ihrer Sprache ausdrücken wollen; und wenn eben diese Nahmen sich in zween Verfassern finden, welche weder einander hülfliche Hand geleistet, noch ausgeschrieben haben, so siehet man sie manchmal auf so verschiedene Art erkläret, daß es schwer zu glauben ist, daß sie beyderseits von einerley Person von einerley Geschichten reden. Die Nomina propria hatten in den alten Sprachen, wie auch in vielen lebenden, die Eigenschaft, daß sie alle bedeutend waren. Also gibt sie der Hebräer auf eine, und der Grieche und Lateiner auf eine andere Art; alle diese Arten sind indeß so wenig gleichförmig, daß man eine genaue Untersuchung anstellen muß, wenn man davon eine genaue Aehnlichkeit finden will. Daher kommt es, daß ein Prinz oder eine Stadt öfters viele Nahmen haben. N i - n i a s oder Z a m e i s stellen nur einen Prinz vor. A r o s s e und S e m i r a m i s sind nicht mehr als eine einzige Fürstin, und damit ich bey dem assyrischen Reich bleibe, so ist der S a r d a n a - p a l von dem T o n o s C o n c o l e r o s nicht unterschieden.

Diese Schwierigkeit erstreckt sich auch über die neuere Historie, und man kann kaum mit grosser Sorgfalt diese Unbequemlichkeit vermeiden, in die man, wenn man eine Historie schreibet, fast nothwendig verfällt, weil man die Nomina propria nach dem Charakter der Sprachen, darinn man schreibet, einrichten muß; und dadurch könnte man einigermaßen der Schwierigkeit abhelfen, wenn man sie nicht zu sehr von ihrem Ursprung entfernte. Dadurch aber könnte man sie ganz und gar heben, wenn man allezeit auf dem Rand des Buchs das Nomen proprium in der Ursprache setzte. [...]

Die v i e r t e S c h w i e r i g k e i t sowohl in den alten als neuern Historien ist eine richtige Vergleichung einer mit der andern, oder auch mit der biblischen Historie, und mit der Geschichte der Religion. Man kann ihre Folgen nicht wohl einsehen, als wenn man sie genau mit einander vergleichet. man erkennet manchmal dadurch, woher der Verfall einiger Reiche entstanden, und wie sich die andern erhoben haben. Oefters ist es die Weisheit und der Muth eines benachbarten Prinzen, welcher einen andern Prinzen, oder eine andere Nation dahin bringet, daß sie ihre Regierungsform verbessern, oder sich der ihnen vorher unbewusten Kräfte ihres Reichs gebrauchen. Es mag nun die Eifersucht, oder die Ruhmbegierde diese Wirkungen herfürrbringen, daran ist uns wenig gelegen. Es ist genug, daß ein grosser Prinz benachbarten Prinzen zum Muster oder zum Sporn dienet, wodurch wir uns verbunden sehen, seine Geschichte mit anderer Völker, oder anderer Fürsten ihren in Vergleichung zu stellen.

Vielleicht ist Franciscus I. seinen gerechten Ruhm, den er sich erworben, niemand als der Eifersucht schuldig, die sich zwischen ihm und Carl dem Fünften fand. Und ich zweifle nicht, daß Ludwig XIV. dem König Wilhelm III. einem der grössten und staatsverständigsten Prinzen in Europa zum Muster gedienet hat. Diese Wiedervereinigung der Historien kann nicht so füglich vermittelst chronologischer Tabellen, die gemeiniglich sehr trocken sind, als vielmehr durch Einleitungen in die allgemeine Historie geschehen, welche man einigemal lesen, und seine Betrachtungen darüber anstellen muß.

Die letztere vorläufige Schwierigkeit bey Erlernung der alten und neuren Historien bestehet darinnen, daß man die Jahrhunderte weiß, an welche man sich vornämlich halten soll. Es sind wenig Historien, davon man nöthig hätte, alle Theile mit gleichem Fleiß durchzugehen, wenn man nicht bey der Erlernung in die Nachlässigkeit schläfriger Regierungen fallen, oder sich gar einer Gefahr aussetzen will, wenn man mit einer allzugrossen Neugierigkeit die Liebeshändel einer wollüstigen Reigerung untersuchet. Aber vier Stücke sind, welche man nicht vorbeylassen darf: den Ursprung der Reiche; die herrlichsten Regierungen, oder die merkwürdigsten Begebenheiten, die Dauer einer jeden Monarchie; und die Ursachen ihres Falles, oder ihres Unterganges. Dieses sind die vornehmsten Gegenstände, welche wir in diesem Werke nicht zu erklären, (denn wer könnte dieses in den Gränzen, so wir uns vorgeschrieben, leisten?) sondern nur mit aller uns möglichen Sorgfalt und Bemühung anzuzeigen, des Vorhabens sind.

Soll ich aber anjetzo sagen, daß je mehr die alte Historie von Schwierigkeiten angefüllt ist, desto mehr befindet sie sich nach dem Geschmack vieler Gelehrten? Man würde meinen, daß die Hinderungen, welche bey jedem Schritt aufstossen, nur zur Verdopplung ihrer Kräfte dienten. Sie würde ihnen unschmackhaft dünken, wenn sie nicht verwirrt wäre. Die Eigenliebe thut sich manchmal ein Gnüge, wenn sie eine Entwickelung und eine Erklärung suchet, die noch nicht gegeben worden ist. Was mich anlangt, so bin ich bey dem Vergnügen, das ich mir bey den Widersprechungen oder Dunkelheiten in den alten Geschichtschreibern vorstelle, nicht unempfindlich. Ich begreife dadurch, daß es nicht minder schwer ist, auf die Schriftsteller dieser ersten Zeiten gewisse Rechnung zu machen, als auf die, so in unsern Tagen schreiben. Es wäre falsch, wenn wir uns die alten, als Schriftsteller ohne Fehler vorstellten [...]

aus: Lenglet du Fresnoy, Des Herrn Abts Lenglet du Fresnoy Anweisung zur Erlernung der Historie. Nebst einem anietzo vermehrten vollständigen Verzeichniß der vornehmsten Geschichtschreiber ... (1752), S. 4–8 und S. 169–183.

Q 18: Ordnung der Großen Schule zu Braunschweig (1755)

Die Große Schule zu Braunschweig war bereits 1568 von Herzog Julius als Gymnasium gegründet worden. Sie war dem „Collegium Carolinum" (Q 16) also gleichsam vorgelagert, wenn es auch durchaus nicht unüblich war, dass Universitätsstudenten die Hochschule wieder für den Besuch eines Gymnasium verließen. In der Schulordnung von 1755 jedenfalls zeigt sich schon deutlich die auch anderswo zu bemerkende Entwicklung, dass das Gymnasium nicht mehr nur exklusiv der

Vorbereitung auf ein Universitätsstudium dienen sollte. Das gilt auch
für den Geschichtsunterricht.

III. Von den lectionen und der art und weise, wie
sie tractiret werden sollen, überhaupt.

1. Überhaupt ist bei der einrichtung der lectionen darauf gesehen worden, daß es so wenig der studirenden jugend als de-
nenjenigen, welche eigentlich von den studiis keine profession
machen wollen, an gelegenheit nicht fehlen möge, an einem
orte in besondern stunden das lernen zu können, welches sonst
in derjenigen schule, in welche er eigentlich gehet, nicht gelehret wird. So findet z[um] e[xempel] die jugend, welche sich
der kaufmannschaft gewidmet hat und ordentlicher weise die
schreib- und rechenschule besuchet, in der realschule gelegenheit, in besondern stunden im französischen, englischen, ita-
lienischen, in der geographie und historie, in der erkenntniß
der natur und kunst und andern nützlichen wißenschaften
sich zu üben, und derjenige, welcher studiren will, kan auch
daselbst solche sprachen und wißenschaften lernen, welche gar
selten in den gymnasiis pflegen gelehret zu werden, wie die tabellen, nach welcher so wol in den besonderen als öffentlichen
stunden in allen schulen und allen derselben claßen gelehret
werden soll, in mehrerem zeigt. [...]

IV. Von der methode, nach welcher die vorgeschriebenen lectionen tractiret werden sollen. [...]

[IV.] II. In der realschule. [...]
7. Die geographie und historie wird nur in der realschule um
derentwillen gelehret, die nicht studiren wollen, damit auch
sie gelegenheit haben mögen, diese im gemeinsamen leben so
nöthige und nützliche wißenschaften zu erlenen. Was die lehr-
art, nach welcher sie allhier gelehret werden soll, betrifft, so hat

man sich nach der Vorschrift, welche unten vorkommt, zurichten, nur daß man nicht vergeße, daß man mit kindern zu thun habe, die kein latein verstehen. Auch wird's kein undienliches mittel seyn, wenn man von zeit zu zeit eine stunde der lesung der zeitungen widmet, um zu erfahren, wie weit es die schüler in diesen beyden wißenschaften gebracht haben. [...]

[IV.] IV. In quarta oder der mittelsten claße der trivialchule. [...]

6. Aus der historie werden den schülern dieser claße nur einige algemeine abtheilungen und epochae nach Johann Heinrich Zopfens grundlegung der universalhistorie bekannt gemacht und damit der erste grund zu dem in den folgenden claßen immer mehr und mehr zu erweiternden historischen erkenntniß gelegt. Es wird zu dieser arbeit nicht so gar viele zeit erfordern; daher kann sie je zuweilen mit einer andern abgewechslet und in den stunden, in welchen den kindern das sceleton historicum vorgeleget wird, auch des Cellarii universalhistori, so wol um des lateinischen stili willen, als auch zu einer guten vorbereitung auf die künftige unterweisung in der historie, in das deutsche übersetzet werden. [...]

[IV.] V. In tertia und der obersten claße der trivialschule [...]

6. In der historie werden nicht nur die wichtigsten abschnitte und epochen, welche den schülern bereits bekannt sind, wiederholet, sondern sie werden auch bei der wiederholung mit verschiedenen zustäzen erweitert und mithin das bisherige sceleton historicum gleichsam mit adern und nerven versehen. Die lesung und verdeutschung der historiae universalis Cellarii wird auch hier noch immer forgesetzet. [...]

[IV.] VI. In secunda. [...]

5. Wie in den vorhergehenden claßen bereits einige landcharten absolviret sind, also werden diese hieselbst zuvorderst

kürzlich wiederholet. Darauf schreitet man zur abhandlung der übrigen charten, so daß die ganze neue geographie in dieser claße zu ende gebracht wird. Haben die scholaren die lage der länder, der städte etc. wol gefaßet, so wird ihnen nunmehro auch dasjenige bekannt gemacht, was im compendo folgt und zur historie, policey und natürlichen beschaffenheit eines landes gehöret. Damit man erfahren möge, ob die scholaren die lage der länder und städte und den lauf der flüße sich recht imprimiret haben, so kan man die illumi[ni]rten charten mit einem weißen bogen bedecken, und die scholaren müßen auf dem weißen bogen zeigen, wo jedes land, eine stadt, ein fluß etc. auf der unter demselben befindlichen charte liegen. Irren sie, so finden sie gelegenheit durch aufdeckung des leeren bogens aus der charte selbst ihren irrthum zu verbeßern. Auch ist es nicht undienlich, wenn man sie in gedancken reisen anstellen läßt und z[um] e[xempel] frägt, wenn jemand von Braunschweig nach Batavia, nach Rom, nach Philadelphia zu wasser oder zu lande reisen wolte, was er für gewläßer und länder zu paßiren habe. Insgemein aber wird ihnen, wenn etwas historisches vorkommt, es sey denn bey der lesung eines auctoris oder wenn die historie selbst gelehret wird, derjenige ort oder das land auf er charte gezeiget, wo dieses oder jenes sich zugetragen hat.

6. In dem cursu historico, der in dieser claße von neuen angefangen und abermals erwietert wird, wird alles dasjenige erkläret, was sich in dem vorgeschriebenen compendio befindet, nur dasjenige ausgenommen, was zur kirchen- und gelehrtenhistorie gehöret, und mithin in dieser claße die eigentliche ganze universal-historie, so wie sie in dem compendio enthalten, absolviret. [...]

[IV.] VII. In prima und selecta. [...]

2. Die lateinischen auctores, welche in diesen claßen mit gehöriger abwechselung gelesen werden sollen, sind aus der zahl der historicorum des Suetonius, Salustius, Curtius, Tacitus,

Livius, aus den oratorbius und philosophis Cicero und Seneca, aus den poeten Ovidius, Virgilius und Horatius, mit übergehung derjenigen bücher und stellen, welche insonderheit aus dem letztern jungen leuten anstößig seyn könten. Die vorkommenden schweren stellen werden aus der philologie, der geographie, der historie und den alterthümern in gehöriges licht gesetzet. [...]

7. Da die universal-historie in secunda absolviret ist, so wird sie nunmehro, wiewol mit einer abermaligen erweiterung, wiederholet und auch dasjenige, was zur kirchen- und gelehrten geschichte gehöret, bey allem aber zugleich vorzüglich mit auf die chronologie gesehen. Ist der cursus geendiget, so wird er auf eben dieselbe weise repetiret, damit durch fleißiges wiederholen die in der geschichte vorkommende[n] viele[n] namen und zahlen den scholaren desto bekannter und geläufiger werden. Wer von der gelehrten historie ein mehreres wißen will, der findet in einem besondern collegio gelegenheit, welches einer von denen beyden conrectoribus als bibliothecarius des mittwochs und sonnabends über des Heumanns conspectum etc. auf der bibliotheco oder in dem zunächst dabey befindlichen auditorio so oft halten wird, als sich eine gehörige anzahl dazu bey ihm meldet.

8. In dem collegio genealogico-heraldico werden in ansehung der wapenkunst nur diejenigen stücken, welche aus des Schatzens atlante Homanniano illsutrato dahin gehören, erläutert, und in absicht auf die genealogie verbreitet man sich nicht weiter als bis auf den ursprung der jezt regierenden hohen häupßter, ihre descendenten und nächsten agnaten und die verbindung, in der sie gegenwärtig mit andern regierenden häusern stehen.

aus: Koldewey, Braunschweigische Schulordnungen (1886), S. 298–400.

Q 19: Sylvester Tappe über Geschichte als Weltweisheit (1762)

Sylvester Tappe (1670–1747) hatte zunächst in Helmstedt, später in Jena, Leipzig und Halle Mathematik und Philosophie studiert. 1701 folgte er dann aber seinem Vater auf dessen Pastorenstelle in Helmstedt und erhielt 1703 die Lehrerlaubnis im Fach „Gottesgelahrtheit" an der dortigen Universität. Im Zusammenhang mit dieser Lehrtätigkeit entstanden mehrere, zum Teil tabellarisch angelegte Lehrwerke zur Universalgeschichte.

Der weise Schöpfer hat den Menschen eine starke Neigung eingepräget, eine Erkänntniß nützlicher und wichtiger Wahrheiten zu erlangen. Es ist aber keine Wissenschaft, die diesen edlen Trieb besser befriedigen kan, als die Historie. Dieselbe eröffnet uns ein weitläuftiges Feld, in welchem sich die Wissensbegierde mit Vergnügen und Nutzen ausbreiten kan. Unser Geist wird also mit einem lebhaften Vergnügen erfüllet, wenn wir den großen Schauplatz der Welt betrachten, und die abwechselnden Schicksale der Völker erwegen. So angenehm diese Erkänntniß ist, so groß sind auch die Vorteile, welche sie uns verschaffet. Sie zeiget uns die deutlichsten Spuren der göttlichen Fürsehung, welche die Welt mit Macht und Weisheit beherrscht. Sie verkündiget uns die Majestät des großen Monarchen, welcher die Schicksale alle Völker ordnet. Sie widerleget die törichten Einfälle der Freydenker, welche alle Begebenheiten von einem ohngefehren Zufalle herleiten. Sie befördert die Ehre der Religion, welche die die vornemste Quelle unserer Glückseligkeit ist. Ihr Vorteil aber zeiget sich nicht weniger in der Staatskunst, und Sittenlehre. Sie eröffnet die wahren Quellen, woraus die Glückseligkeit eines Volkes entspringet. Sie zeiget uns die vortreflichen Geseze, wodurch der Flor eines Landes befördert wird. Sie stellet uns die Schönheit der Tugend und die Häslichkeit des Lasters in ihrer wahren Gestalt dar.

Sie schildert die grossen Männer, welche sich durch Weisheit, Grosmuth, Tapferkeit und Liebe gegen das Vaterland verewiget haben, mit lebhaften Farben ab, und erwecket in unsrer Brust einen patriotischen Eifer ihren erhabenen Beyspielen zu folgen. Fürsten, Kriegshelden, Staatsleute und Bürger finden hier den schönsten Unterricht von ihren Pflichten. Die Historie ist also die Weltweisheit, so uns durch Beyspiele lehret. [...] Sie entdecket uns die Wahrheit. Sie zeiget uns die Quellen der Irrthümer, welche sich unter dem menschlichen Geschlechte ausgebreitet haben. Sie zündet allen Wissenschaften ein neues Licht an, indem sie ihren Ursprung, Wachsthum und Flor beschreibet. Es ist also eine sehr nützliche Bemühung, wenn man die Jugend zur Erkänntniß der Geschichte anführet, ehe sie zu den höhern Wissenschaften fortgehet. [...]

aus: *Tappe, Einleitung in die Universal Historie, vom Anfange der Welt bis auf unsre Zeiten, zu desto bequemern und nützlichern Gebrauche der Schulen verbessert und fortgesetzt von Heinrich Caspar Baurmeister (1762), Vorrede.*

Q 20: Johann Samuel Patzke über Geschichte als moralische Belehrung „im Vorbeygehen" (1764)

Der Magdeburger Pfarrer Johann Samuel Patzke (1727–1787) hatte sich nach dem Theologiestudium in Frankfurt am Main und Halle einige Zeit als Übersetzer über Wasser gehalten, bevor er 1755 seine erste Pfarrstelle antreten konnte. Das hat er auch später nicht aufgegeben; seine Tacitus-Übersetzung wurde sehr wohlwollend aufgenommen. Patzke blieb stets nur zweiter Prediger in Magdeburg; auch seine Bemühungen, ans Pädagogium zu kommen, schlugen fehl. Ein Ausfluss seiner pädagogischen Bemühungen ist der hier nachgedruckte Zeitschriftenartikel über sittliche Erziehung von Kindern durch Geschichte.

Unter die Wissenschaften, darinnen ein jedes Kind unterrichtet werden sollte, gehört die Historie, oder die Geschichte. Wie lehrreich, wie angenehm die Geschichte sey, darf ich dir, meine Tochter nicht wiederholen, du kennest ihren Nutzen aus eigener Erfahrung, und diesen hat sie für einen jeden Menschen. Ausserdem wäre es höchstunanständig, wenn ein Mensch nicht wissen sollte, wie die gegenwärtige Welt entsprungen, wie die Einrichtung der Reiche entstanden, durch welche Mittel alles in diesen Zustand versetzt worden, darinnen wir es zu unsrer Lebzeit sehen, und von denen Menschen gar nicht unterrichtet zu seyn, die vor uns solche Bürger der Erde gewesen wie wir, oder die es itzt mit uns zugleich in andern Ländern sind. Ein Mensch ohne alle Kenntniß der Geschichte, kommt mir nicht anders als ein von einem Sturme verschlagnes Kind vor, das auf einer wüsten Insel erzogen worden, und weiter nichts weiß, als was in den paar Jahren seines Aufenthalts mit ihm daselbst vorgeht, und das von allen die vor ihm da gelebt, und die an andern Orten mit ihm zugleich leben, gänzlich abgeschnitten ist. Wer mit der Geschichte bekannt ist, erhöhet und vermehret seine Lebensjahre bis zu der Anzahl der Jahre von der Dauer der ganzen Welt. Er lebt mit allen Völkern zugleich, die vor ihm gelebt, und steht mit allen Jahrhundert in Verbindung.

Die Erlernung der Geschichte kann von einem Kinde spielend und im Vorbeygehen geschehen. Indem man die von mir schon berührten andern Arten des Unterrichts ihm ertheilen, indem man seinen Verstand und seine Urtheilskraft schärfen, indem man sein Herz bilden, und ihm gewisse moralische Wahrheiten begreiflich machen will, so kann man kleine Geschichten, historische Bücher mit ihm lesen, und jene Absichten mit dem Unterricht der Historie zugleich verbinden. Ich will in einem kleinen Beyspiele zeigen, wie ein Lehrer, der eines Kindes Urtheilskraft schärfen, und eine moralische Maxime, oder ein Sprichwort, z[um] E[xempel] dieses: Hochmuth kommt vor dem Fall, recht einprägen will, zugleich damit die Erlernung der Historie verknüpfen kann.

Der Lehrer erzehlt oder lieset einem Kinde aus der neuern Geschichte von Engelland, oder aus einer Lebensbeschreibung der Königinn Elisabeth, den Sieg der Engelländer über die grosse Spanische Flotte vor. „Philipp der zweyte, König in Spanien, hatte den Entschluß gefaßt, Engelland mit äusserster Macht anzugreifen, und sich dieses Reichs zu bemächtigen. Seine Ansprüche auf Engelland gründete er darauf, daß ihm ehemals die Königinn Maria, von Schottland, ihr Recht auf Engelland abgetreten, dazu er sie überredet hatte, und daß er ein katholischer König sey, welcher aus dem Lankasterschen Hause abstamme. Elisabeth aber sey aus einer unrechtmäßigen Ehe erzeugt, und habe sie überdem durch die Annehmung und Einführung der protestantischen Religion der Krone unwürdig gemacht. Um den Krieg gegen Engelland mit desto grössern Nachdruck anzufangen, brachte er es bey dem Papst Sixtus dem fünften dahin, daß er gegen die Königinn Elisabeth den Bannstrahl ergehen ließ, und die Unterthanen, von dem ihr geleisteten Eide lossprach. Man rüstete indessen schon seit langer Zeit die mächtigste Flotte zu diesem Kriege aus. Sie bestand aus hundert und fünfzig Schiffen, auf welchen unter Anführung des Herzogs von Medina Celi, neunzehn tausend Mann befindlich waren. Dieß war die stärkste Flotte, welche nur jemals in der See erschienen, und mit einem recht spanischen Hochmuthe, gab man ihr den namen der unüberwindlichen Flotte. Elisabeth rüstete eine Flotte dagegen aus, die aber weder an der Anzahl noch der Grösse, der Schiffe, der spanischen gleich kam. Dabey muste sie besorgen, daß ihre katholischen Unterthanen in Irrland, Spaniens Parthey ergreifen würden. Die gröste Unruhe machte ihr der junge König Jakob in Schottland, dessen Mutter sie vor kurzer Zeit hatte hinrichten lassen. Sie ließ aber ihren Muth nicht sinken, sie machte durch die Hoffnung, die sie dem Könige Jakob gab, ihm die Thronfolge in Engelland zuwege zu bringen, daß er sich in die Unruhe nicht mischte, und ihre Flotte ging der spanischen entgegen. Die so genannte unüberwindliche Flotte, wurde von den Engelländern angegriffen, und weil die englischen Schiffe leicht und besser gebauet waren, so richteten sie mehr aus, als die grossen und schweren spanischen Schiffe. Dazu kam ein gewaltiger Sturm, also, daß die unüberwindliche Flotte, überwunden, und fast ganz zu Grunde gerichtet wurde. Diesen Sieg erhielten die Engelländer im Jahr 1588.

Wenn der Lehrer ein Kind diese Erzehlung hat wiederholen, oder schriftlich aufsetzen lassen, so kann er sie nun zergliedern, er kann die Reiche, die Oerter, die See, auf welcher der Sieg erfochten worden, auf einer Landcharte suchen lassen, und die Geschichte in Fragen und Antworten zergleichern.

Der Lehrer. Von welcher hohen Person redet diese Geschichte?

Das Kind. Von der Königinn von Engelland Elisabeth, und dem Könige von Spanien, Philipp dem zweyten.

Der Lehrer. Unter welchen Umständen wird hier von ihnen geredet?

Das Kind. Als sie beyde in einen Kreig mit einander verwickelt worden.

Der Lehrer. Was wollte der König von Spanien?

Das Kind. Er wollte das Königreich Engelland für sich haben.

Der Lehrer. Was führte er für Ursachen an, warum er es begehren könne?

Das Kind. Weil ihm Maria ihr Recht abgetreten, und er aus einem Stamme herkomme, der ein Recht zu englischen Krone habe, u. s. w.

Der Lehrer. Wozu kam es, da der Krieg anging?

Das Kind. Zu einem Seetreffen.

Der Lehrer. Wie hiessen die Spanier ihre Flotte?

Das Kind. Die Unüberwindliche.

Der Lehrer. Warum?

Das Kind. Aus Hochmuth, weil man noch nie so viel Schiffe in einem Kriege zur See ausgerüstet hatte.

Der Lehrer. Wie erging es aber dieser Flotte?

Das Kind. Sie wurde von der kleinern englischen Flotte ganz überwunden.

Der Lehrer. Wodurch wurde dieser Sieg besonders erhalten?

Das Kind. Durch die leichter und besser gebauten Schiffe, die sich hurtiger wenden und besser gebrauchen werden konnten, und durch einen Sturm.

Der Lehrer. Was erblickt ihr wohl in dem Umstande, daß zu gleicher Zeit ein Sturm entstand?

Das Kind. Ich erblicke darinnen die deutlichen Spuren der göttlichen Vorsehung, welche den spanischen Stolz ganz niederschlagen wollte.

Der Lehrer. Was wolltet ihr hieraus für eine Lehre ziehn?

Das Kind. Daß Gott in der Weltgeschichte die Wahrheit seines Wortes noch immer bestätiget: zum Streite hilft nicht stark seyn, sondern der Sieg kommt vom HERRN.[77]

Der Lehrer. Erinnert ihr euch nicht auch eines deutschen Sprichworts, das durch diese Geschichte bestätiget wird?

Das Kind. Ja, ich erinnere mich des Sprichworts, Hochmuth kommt vor dem Fall. Gemeiniglich, wenn ein Mensch, oder ein Volk, sehr übermüthig wird, und sich auf seine Kräfte allein verläßt, so erfolget sein Fall darauf, damit die Menschen sich kennen lernen.

Zu der Beantwortung der letzten Fragen, von der Frage an: Was erblicket ihr in dem Umstande, daß zu gleicher Zeit ein Sturm entstand? muß der Lehrer dem Kinde vorher einige Gelegenheit geben, durch die Betrachtungen, die er an das Ende der Erzehlung seiner Geschichte anhängt. So kann er die Historie mit einem Kinde treiben: indem er seinen Verstand übt, die Kraft zu urtheilen schärft, und moralische Wahrheiten ihm beybringt. Ich merke nur noch an, daß es gut seyn wird, wenn ein Lehrer mehr die neuere, als die ältere Geschichte treibt, und mehr die Geschichte des Vaterlandes, als die Geschichte fremder

---

77 Spielt wohl auf Spr. 31, 21 an: „Rosse werden zum Streittage bereitet, aber der Sieg kommt vom Herrn."

Völker; ob gleich so wohl die alte Geschichte, als die Geschichte fremder Nationen nicht vernachläßigt werden muß.

Mit der Geschichte muß die Erdbeschreibung oder die Geographie verbunden werden. Auch dieß ist eine Wissenschaft, darinn jedes Kind, vornehm und gering, unterrichtet werden sollte. Soll der Bewohner sein eignes Haus, seine eignen Schätze nicht kennen, und nicht wissen, von welchem Umfange, und welcher Beschaffenheit es sey? Man mag zu einer Lebensart schreiten, zu welcher man will, so ist es nöthig, nützlich und angenehm, diese Wissenschaften zu verstehen. Der Gelehrte kann in andern Theilen der Litteratur nicht wohl fortkommen, ohne Geographie. Dem Kaufmanne, dem Künstler, dem Landwirthe ist eine allgemeine Kenntniß der Erde ausserordentlich nützlich. Der Edelmann, der auf seinen Gütern, der Reiche, der von seinen Intressen lebt, entzieht sich einer der angenehmsten Ergetzungen des Gemüths, der die weitläuftigen, reizenden, und wunderbaren Scenen nicht kennet, die auf dem Erdboden sich zeigen, und davon uns die Erdbeschreibung unterrichtet. [...]

aus: Patzke, Über Erziehung. An Carolinen (1764), S. 365–373.

Q 21: Gotthilf Christian Reccard und das erste verbindliche „Lehr-Buch" für Preußen (1765)

Der Berliner Theologe Gotthilf Christian Reccard (1735–1798) schuf im Auftrag des preußischen Ministeriums eines der einflußreichsten Schulbücher der zweiten Hälfte des 18. Jahrhunderts. Der folgende Auszug aus Reccards „Lehr-Buch" ist wegen dessen besonderer Bedeutung ausführlicher als bei den anderen Schulbüchern gehalten. Zitiert wird hier aus der sechsten, vermehrten Auflage von 1783; sie ist aber mit der Erstausgabe 1765 verglichen und weist keine systematischen Abweichungen auf. Abgedruckt wird eine vor allem um die ausführlichen Entschuldigungsfloskeln gekürzte Fassung der Vorrede, der

Beginn des Kapitels über die Geschichte sowie sämtliche darauffolgen-
den Fragen dieses Kapitels – freilich ohne die dazugehörigen Antwor-
ten. Als kleine Probe, wie eine solche Kombination aus Frage und Ant-
wort am konkreten historischen Stoff aussah, ist noch die Frage 120,
die sich mit der Reformation befasst, mit abgedruckt worden.

Dieses Buch enthält eine kurzen Entwurf der vornehmsten Lehren verschiedener Wissenschaften, sofern sie selbst in
niedern Schulen gelehret werden können. Es ist jedermann
von der Möglichkeit und dem Nutzen, vielleicht auch von
der Nothwendigkeit eines solchen Unterrichts überzeugt, die
Schwierigkeiten entstehen gemeiniglich alsdann erst, wenn
es auf die Mittel ankommt, dergleichen ins Werk zu richten.
Was mich betrift, so durfte ich nur bemühet seyn, das zu thun,
was zur Beförderung eines solches Unterrichts von Seiten eines
Lehrbuchs erfordert wird.

Es wurde mir befohlen, das in dem Königlichen Preußischen
Land-Schul-Reglement vom 12. August 1763 §. 20.[78] verordnete
Lehrbüchlein von allerhand nöthigen und nützlichen Dingen
zu verfertigen, ich machte einen Entwurf dazu und zugleich
den Anfang des Buchs selbst; man fand, daß es für den daselbst
bestimmten Gebrauch zu weitläufig sey, indessen sollte ich
nach dem angegebenen Plane fortarbeiten, um ein Lehrbüch
für Stadt-Schulen zu verfertigen, zugleich aber aus demselben
einen Auszug machen, welcher nach der Vorschrift des Regle-
ments in den Land-Schulen gebraucht werden könne.[79] Diese
beyden Bücher erscheinen jetzt zu gleicher Zeit im Drucke.

---

78 Der entsprechende Paragraph wird oben (Einleitung, S. 25.) ausführlich
     zitiert.
79 Dieser Band erschien unter dem Titel: Auszug aus dem Lehr-Buche dar-
     in ein kurzgefaßter Unterricht aus verschiedenen Wissenschaften gege-
     ben wird, zum Gebrauche der Land-Schulen in den Königl. Preußischen
     Provinzen (1768).

Es kan einem Schriftsteller kein grösserer Gegenstand gegeben werden, als derjenige, welchen ich hatte; aber meine Beschäftigung mit demselben war sehr eingeschränkt. Die ganze Gelehrsamkeit, ausser der Theologie, war mein Vorwurf [= meine Aufgabe], aber ich durfte aus dem grossen Umfange desselben auch in dem gegenwärtigen weitläuftigeren Werke nur diejenigen Lehren wählen, welche Kinder, und zwar nicht nur solche, welche dereinst Gelehrte werden sollen, sondern auch diejenigen, welche zu andern Lebensarten bestimmt sind, erlernen können. Ich mußte daher verschiedene Wissenschaften ganz weglassen, und aus den übrigen nur das nehmen, was am nöthigsten oder nützlichsten zu wissen und am leichtesten zu begreiffen ist. Ich konnte nicht allemahl die an sich wichtigsten Wahrheiten wählen, ich mußte oft diejenigen vorziehen, welche einen nähern Einfluß in die Künste, in die Handwercke, und in das gemeine Leben haben, ich durfte nur solche Sachen votragen, von welchen eine bloß historische Erkenniß nützlich seyn kann, und ich mußte verschiedene blos um des Zusammenhangs willen anführen. Die folgenden Tabellen enthalten den ganzen Entwurf der Lehren, die ich in der gegenwärtigen Schrift wirklich vorgetragen habe. Die Ordnung derselben könnte anders und vielleicht in verschiedener Absicht besser eingerichtet seyn; diejenige, der ich gefolgt bin, war weniger eine Folge von der Bemühung ein System zu suchen, als von der Unmögichkeit eines zu vermeiden.

Es war mir befohlen, in Fragen und Antworten zu schreiben, indessen habe ich das Buch so einzurichten gesucht, daß nach demselben sowohl tabellarisch, wie es in dem Berlinischen Schulbuche vorgeschrieben ist, als catechetisch, oder auch nach einer anderen Methode gelehret werden kann, in dem die Fragen bloß als Anzeigen des Inhalts der darauf folgenden Antworten, und diese, wenn man will, als Paragraphen angesehen werden können. Es sind die Antworten bisweilen ziemlich weitläuftig geworden, um die Menge der Fragen nicht zu sehr anzuhäuffen und das Buch dadurch nicht gar zu groß zu machen, aber ich habe diese Antworten in Absätze eingetheilet, aus welchen bey dem Unterrichte sogleich mehrere Fragen zu machen, einem geschickten Lehrer unmöglich schwer fallen kann. Die Sachen, welche sich entweder in den Zusammenhang der Fragen nicht wohl schicken wollten oder von geringerer Wichtigkeit waren, und daher größtentheils bey dem ersten Unterrichte gantz übergangen werden können, sind in Anmerkungen beygefüget worden. Die vornehmsten Fragen sind mit einem Sternchen bezeichnet, und dieses snid sonderlich diejenigen, welche in dem Auszuge allein enthalten sind.[80]

Ich habe alle Vorsichtigkeit gebraucht, nur solche Sachen vorzutragen, welche bewiesen werden können, ob ich gleich die Beweise selbst, und dieses sogar auch in der Geometrie weglassen mußte, theils um nicht zu weitläuftig zu werden, theils weil die Anfänger, wie man sagt, dergleichen Beweise nicht fassen können. Aus denselben Ursachen durfte ich mich nie in ausführliche Untersuchungen einer Sache einlassen, ich mußte bey den wichtigsten Lehren da aufhören zu schreiben, wo ich oftmals am liebsten fortgefahren wäre. Es soll dieses Buch nur eine Sammlung von Ueberschriften solcher Lehren seyn, davon ein ausführlicher Unterricht in andern Büchern gesucht oder von dem Vortrage des Lehrers erwartet werden muß; es soll nur ein Register über einige gelehrte Erkenntnisse oder in Ansehung der verschiedenen Teile der Gelehrsamkeit das seyn, was in einem geographischen Atlas die Charte vom Globus ist. [...]

Da dieses Buch nur für solche, welche erst anfangen etwas zu lernen, geschrieben ist: so möchte der scheinbarste Einwurf, der mir gemacht werden könnte, wol dieser seyn, daß

---

80 Daran können auch in dem unten folgenden Abdruck der Fragen aus dem Geschichtskapitel die Unterschiede zwischen dem Geschichtsunterricht an Stadt- und Landschulen ersehen werden.

darinnen vieles vorkomme, welches überhaupt für einfältige Kinder oder, was ich noch mehr besorge, gar für Lehrer derselben zu hoch und zu schwer sey. Ich bin fast geneigt, dieses ganze Vorgeben zuzugeben, ob ich gleich die Folge leugne, die daraus hergeleitet werden soll, und nur derjenigen, die mir dieses vorwerfen, zu fragen: ob diese Unfähigkeit, ein teutsches Buch, welches nur die ersten Anfangsgründe einiger Wissenschaften enthält, zu verstehen, der menschlichen Vernunft eigenthümlich, ob die Schwierigkeit sie zu heben unüberwindlich sey, ob die Kinder nicht weitere Einsichten und bessere Ausdrücke derselben lernen sollen, blos deswegen, weil sie so unglücklich sind, die einen noch nicht zu haben, und die andern noch nicht zu verstehen, und ob sie immer dumm bleiben sollen, weil sie es einmahl sind, und endlich ob man es aus richtigen angestellten Versuchen wissen könne, daß die Jugend keines bessern Unterrichts fähig sey, als sie bisher in vielen Schulen gehabt hat. [...]

Es ist dieses Lehrbuch vermuthlich nicht zu groß dazu, daß es in einem halben Jahre durchgegangen werden kann, wenn man über die sechs ersten Capitel in vormittägigen, über die letztern aber in nachmittägigen Stunden lehren, und auf jedes der erstern einen Monath, auf jedes der letztern aber ein Viertel-Jahr anwenden will.[81] Die Lehrer werden wohl thun, wenn sie zunerst die vorangesetzten Tabellen durchgehen, auch hernach bey der Erklärung des Buchs selbst ihre Schüler immer auf dieselben zurückführen, und bey dem Anfange jeder Stunde das Stück derTabelle, wozu die Fragen gehören, die erkläret werden sollen, mit den Anfangsbuchstaben an eine Tafel anschreiben wollen. Die längern Antworten der Fragen hat der Lehrer in mehrere Fragen zu zergliedern, die dunklern Wörter aber und den Kindern ungewohntere Ausdrücke durch

---

81 Die Geschichte, die in Kapitel 7 abgehandelt wird, gehört zu diesen letzteren.

bekanntere zu erklären: überdem wird derselbe, wo es nöthig ist, Exempel beyfügen, die Anwendung der vorgetragenen Lehren nebst den Vortheilen, welche man von ihrer Einsicht haben kann, anzeigen, und Anmerkungen machen, welche sich auf den ort, wo die Schule ist, und die besondern Umstände derer, die unterrichtet werden, beziehen. Verschiedene Frage, z[um] E[xempel] die mehresten von der Gelehrten-Historie, sind nur mit solchen Schülern durchzugehen, welche künftig Gelehrte werden sollen. Einige Sachen, davon in dem Buche Nachricht gegeben wird, z[um] E[xempel] einige physikalische Experimente, das Feldmessen, die geometrischen Körper, ferner einige der vornehmsten Sterne, verschiedene Kräuter, Steine u[nd] d[er] gl[eichen] sind den Schülern zu zeigen, woraus Ermunterung und Belohnung des Fleisses gemacht werden können. Die meisten vorgetragenen Lehren sind so beschaffen, daß es ausser dem Nutzen, den sie haben können, sehr vergnügend ist sie zu wissen, es werden in der That wenige Schüler, selbst von dem niedrigsten Stande, nicht wißbegierung genug seyn, sie lernen zu wollen. Es wird daher dem Lehrer, wenn er sonst die Kunst zu unterrichten verstehet, nicht viel Mühe kosten, sich aufmerksame Schüler zu verschaffen. Es wird nicht nöthig seyn, vieles aus dem Buche auswendig lernen zu lassen, am wenigsten sind die vielen Nahmen und Jahrzahlen in dem siebenten Capitel auswendig zu lernen, sie sollen hauptsächlich nur dazu dienen, daß die Schüler, wenn sie künftig historische Schriften lesen, dieses ihr erstes Lehrbuch nachschlagen können, um daraus zu ersehen, in welche Zeiten und in welchen Zusammenhang mit der allgemeinen Geschichte der Welt die Begebenheiten gehören, davon sie in solchen Schriften ausführlichere Nachrichten vorfinden. Eben so ist in dem letzten Capitel eine Menge von Städte blos deswegen angezeiget worden, damit die Schüler solche theils in den Landcharten aufsuchen, theils, wenn von denselben in den Zeitungen etwas gemeldet wird, sie in dem Buche nachschlagen können, um dadurch nur zu erfahren in welchen Ländern sie liegen. Ich habe es gantz den Lehrern überlassen müssen, von den Lebensumständen der in der Historie angezeigten Regenten und berühmten Leute, und von den Merkwürdigkeiten der in der Geographie angeführten Städte nähere Nachrichten aus andern Büchern bey dem Unterrichte selbst zu erzählen, wenn sie es nöthig finden.

Der gütige Gott wolle diejenigen, welchen das Amt anvertrauet ist, die Jugend zu erziehen und zu unterrichten, tüchtig und willig machen, diese wichtigen und heilsamen Beschäftigungen, welche einen so großen Einfluß in die Wohlfahrt des Staats haben, und an welchen nach der Versicherung unsers Heilandes selbst die Engel im Himmel Antheil nehmen, also zu verrichten, daß ihre Bemühungen zur Verherrlichung seines Nahmens und zum Vortheile des menschlichen Geschlechts gereichen, und sie in der Ewigkeit noch reichliche Früchte und selige Belohnungen derselben geniessen mögen.

[Es folgt der Beginn des Kapitels zur Geschichte:]

Das siebente Capitel.
Von der Historie.

1. * Was ist die Historie oder Geschichte?

Eine Nachricht von merkwürdigen Begebenheiten in der Welt.

2. * Wie wir die Historie eingetheilt?

1) In die politische Historie oder Nachrichten von Begebenheiten, welche die bürgerliche Gesellschaft der Menschen betreffen.[82]

---

82 Anm. Wenn die vornehmsten Begebenheiten in der ganzen Welt vom Anfang derselben bis auf die Zeit des Geschichtschreibers im Zusammenhange vorgetragen

2) In die Kirchenhistorie oder Nachricht von Begeben-heiten, welche die Kirche und Religion betreffen.[83]

3) In die Gelehrtenhistorie oder Nachricht von Begeben-heiten, welche die Gelehrsamkeit betreffen, wozu noch die Historie der Künste und Handwerke zu rechnen ist.

4) In die Naturhistorie oder Nachricht von außerordent-lichen Begebenheiten, welche den Lauf der Natur betreffen. Sie ist also von der im vorhergehenden Capitel abgehan-delten Naturhistorie dadurch unterschieden, daß sie eine eigentliche Historie, die im vorhergehenden abgehandelte aber mehr eine Geographie der Natur ist.

3. * Was ist von der Schöpfung der Welt zu bemerken? [...]

[Es folgen nun Reccards sämtliche Fragen – ohne Antworten – aus dem Kapitel über die Geschichte, um einen Eindruck von dessen Struktur und Schwerpunkten zu geben:]

Erster Abschnitt.
Die politische Historie.

4. was ist von der bürgerlichen Verfassung der Menschen überhaupt zu bemerken?

I. Die politische Historie des Volks Gottes im al-ten Testamente.

---

werden, so wird solches die allgemeine Weltgeschichte oder Universalhistorie genannt. Wenn aber nur die Begebenheiten eines Landes, oder eines Menschen u. dergl. vorgetragen werden, so wird solches eine besondere oder Specialhistorie genannt.

83 Anm. Es soll im Folgenden ein kurzer Auszug der politischen, Kirchen- Gelehr-ten- und Naturhistorie- vorgetragen werden, nachdem vorher von der Schöp-fung gehandelt worden, welche eigentlich zur Naturhistorie gehört, aber hier nothwendig voranstehen muß.

5. * Was wird durch diese Historie verstanden?

6. * Wie kann diese Geschichte füglich eingetheilt werden?

7. * Was ist von der ersten Periode insonderheit zu bemerken?

8. * Was ist von der zweyten Periode insonderheit zu bemerken?

9. * Was ist von der dritten Periode insonderheit zu bemerken?

10. * Was ist von der vierten Periode insonderheit zu bemerken?

11. * Was ist von der fünften Periode insonderheit zu bemerken?

II. Die politische Historie der vier Hauptmonarchien

12. * Welches sind die vier Hauptmonarchien?

A) Die Assyrische oder eigentlich Babylonisch-assyrische Monarchie.

13. * Welches sind die Stifter dieser Monarchie gewesen?

14. Welches sind die vornehmsten Könige gewesen, welche beyde reiche zusammen beherrscht haben?

15. Was ist von der Theilung dieser Monarchie zu bemerken?

16. Welches sind die vornehmsten Medischen Könige gewesen?

17. Welches sind die vornehmsten Babylonischen Könige gewesen?

18. Welches sind die vornehmsten Assyrischen Könige gewesen?

Anhang

I. Das Egyptische Reich.

19. Was ist von der Geschichte dieses Reichs zu bemerken?

II. Die übrigen ältesten Völker

20. Welches sind die bekanntesten unter den übrigen ältesten Völkern?

B) Die Persische Monarchie.

21. * Wer ist der Stifter dieser Monarchie gewesen?

22. Welches sind die vornehmsten Könige in diesem Reiche nach dem Cyrus gewesen?

C) Die Griechische Monarchie.

23. Was ist von Griechenland vor Errichtung der Monarchie überhaupt zu bemerken?

24. Welches sind die vornehmsten von diesen Reichen gewesen?

25. * Welches ist der Stifter Griechischen Monarchie gewesen?

26. Welches sind die vornehmsten Reiche, welche aus der Griechischen Monarchie entstanden?

D) Die Römische Monarchie.

27. * Was ist von Italien vor Errichtung der Römischen Monarchie überhaupt zu bemerken?

28. Welches ist das vornehmste unter diesen Reichen gewesen?

29. * Wer hat Rom erbauet?

30. Wie kann die Römische Geschichte eingetheilet werden?

31. Welches sind die Könige gewesen, die in Rom regiert haben?

32. Was für eine Regierungsform ist hierauf in Rom eingeführt worden?

33. Welches sind die vornehmsten Begebenheiten, welche sich unter der Regierung der Consuln in Rom ereignet haben?

34. * Wer ist der Stifter der eigentlichen Römischen Monarchie gewesen?

35. Wie kann die Geschichte der Römischen Monarchie oder der Römischen Kaiser eingetheilet werden?

36. Welches sind die heidnischen Kaiser in Rom gewesen?

37. Welches sind die ersten christlichen Kaiser gewesen?

38. Welches sind die Barbaren gewesen, welche sich des occidentalischen Kaiserthums bemächtigten?

39. Welches sind die Karolingischen Kaiser gewesen?

40. Welches sind die Sächsischen und Fränkischen Kaiser gewesen?

41. Welches sind die schwäbischen Kaiser gewesen?

42. Welches sind die Kaiser aus verschiedenen Häusern gewesen?

43. Welches sind die Oesterreichischen Kaiser gewesen?

44. Welches sind die drey neuesten Kaiser?

Anhang.

I. Das orientalische Kaiserthum.

45. Welches sind die Kaiser gewesen, die im Orient oder den Morgenländern des Römischen Reichs regiert haben?

II. Das mittlere Persische Reich.

46. Wer ist der Stifter dieses Reichs gewesen?

47. Welches sind die vornehmsten Könige in diesem Reiche nach dem Artaxerxes gewesen?

III. Die Saracenen.

48. Was ist von den Saracenen zu bemerken?

III. Die politische Historie der jetzigen vornehmsten Staaten von Europa.

I. Portugall.
49. * Was ist von der Geschichte von Portugall zu bemerken?

II. Spanien.
50. * Was ist von der Geschichte von Spanien zu bemerken?

III. Frankreich.
51. * Was ist von der Geschichte von Frankreich zu bemerken?

IV. England.
52. * Was ist von der Geschichte von England zu bemerken?

V. Die Niederlande.
53. * Was ist von der Geschichte der Niederlande zu bemerken?

VI. Die Schweiz.
54. * Was ist von der Geschichte der Schweiz zu bemerken?

VII. Italien.
55. * Was ist von der Geschichte des Kirchenstaats zu bemerken?
56. * Was ist von der Geschichte des Königreichs Neapel zu bemerken?
57. * Was ist von der Geschichte des Königreichs Sicilien zu bemerken?
58. * Was ist von der Geschichte des Königreichs Sardinien zu bemerken?
59. * Was ist von der Geschichte der freyen Republiken in Italien zu bemerken?

60. * Was ist von der Geschichte der vornehmsten Herzogthümer in Italien zu bemerken?

VIII. Teutschland.

61. * Was ist von der Geschichte von Teutschland überhaupt zu bemerken?

62. * Was ist von der Geschichte des Herzogthums Oesterreich insonderheit zu bemerken?

63. * Was ist von der Geschichte des Kurfürstenthums Bayern insonderheit zu bemerken?

64. * Was ist von der Geschichte des Kurfürstenthums Pfalz insonderheit zu bemerken?

65. * Was ist von der Geschichte des Königsreichs und Kurfürstenthums Böhmen insonderheit zu bemerken?

66. * Was ist von der Geschichte des Kurfürstenthums Sachsen insonderheit zu bemerken?

67. * Was ist von der Geschichte des Kurfürstenthums Brandenburg insonderheit zu bemerken?

68. * Was ist von der Geschichte des Kurfürstenthums Hannover und des Herzogthums Braunschweig und Lüneburg insonderheit zu bemerken?

69. * Was ist von der Geschichte der drey geistlichen Kurfürstenthümer Mainz, Trier und Kölln zu bemerken?

70. * Was ist von der Geschichte der Landgraffschaft Hessen insonderheit zu bemerken?

71. * Was ist von der Geschichte des Markgrafenthums Baden insonderheit zu bemerken?

72. * Was ist von der Geschichte des Herzogthums Wirtemberg insonderheit zu bemerken?

73. * Was ist von der Geschichte des Herzogthums Mecklenburg insonderheit zu bemerken?

74. * Was ist von der Geschichte des Herzogthums Holstein insonderheit zu bemerken?

IX. Ungarn.

75. * Was ist von der Geschichte des Königreichs Ungarn zu bemerken?

X. Dännemark.

76. * Was ist von der Geschichte des Königreichs Dännemark zu bemerken?

XI. Schweden.

77. * Was ist von der Geschichte des Königreichs Schweden zu bemerken?

XII. Preußen.

78. * Was ist von der Geschichte des Königreichs Preußen zu bemerken?

XIII. Polen.

79. * Was ist von der Geschichte des Königreichs Polen zu bemerken?

XIV. Rußland.

80. * Was ist von der Geschichte des Kaiserthums Rußland oder Moskau zu bemerken?

XV. Die Türkey.

81. * Was ist von der Geschichte des Türkischen Reichs zu bemerken?

IV. Die politische Geschichte der vornehmsten jetzigen Reiche in den drey übrigen Welttheilen.

A. In Asien.

I. Das neue Persische Reich.

82. * Was ist von der Geschichte dieses Reichs zu bemerken?

II. Das Indische Reich.
83. * Was ist von der Geschichte dieses Reichs zu bemerken?

III. Das Tartarische Reich.
84. * Was ist von der Geschichte dieses Reichs zu bemerken?

IV. Das Chinesische Reich.
85. * Was ist von der Geschichte des Kaiserthums China zu bemerken?

V. Das Japanische Reich.
86. * Was ist von der Geschichte des Kaiserthums Japan zu bemerken?

B. In Afrika.

I. Das Kaiserthum Marokko.
87. * Was ist von der Geschichte dieses Reichs zu bemerken?

II. Algier.
88. * Was ist von der Geschichte der freyen Republik Algier zu bemerken?

III. Tunis und Tripoli.
89. * Was ist von der Geschichte dieser beyden Republiken zu bemerken?

IV. Abyssinien.
90. * Was ist von der Geschichte des Kaiserthums Abissinien zu bemerken?

C. Die Geschichte von Amerika.

91. * Was ist von der Geschichte dieses Welttheils zu bemerken?

Zweyther Abschnitt.
Die Kirchenhistorie.

I. Des alten Testaments.

92. Wie kann die Kirchenhistorie des alten Testaments eingetheilt werden?
93. * Was ist aus der ersten Periode zu bemerken?
94. * Was ist aus der zweyten Periode zu bemerken?

II. Die Kirchenhistorie des neuen Testaments.

95. Wie kann die Kirchenhistorie des neuen Testaments weiter eingetheilt werden?
96. * Welches sind die merkwürdigsten Personen in der christlichen Kirche in der ersten Periode gewesen?
97. * Was ist von der Geschichte Jesu Christi zu bemerken?
98.* Welches sind die Apostel Jesu Christi gewesen?
99. Welches sind die übrigen merkwürdigsten Lehrer und Väter der Kirche in der ersten Periode gewesen?
100. * Welches sind die göttlichen Schriften des neuen Testaments?
101. Welches sind die vornehmsten Ketzer oder irrigen Lehrer in dieser Periode gewesen?
102. Welches ist die erste öffentliche Kirchenversammlung oder Concilium gewesen?
103. Was ist von dem äußerlichen Gottesdienst und den Gebräuchen bey demselben in dieser Periode zu bemerken?
104. Was ist von der Ausbreitung der christlichen Religion zu bemerken?

105. Welches sind die zehn Hauptverfolgungen der Christen gewesen?

106. Welches sind die vornehmsten Lehrer der christlichen Kirche in dieser [= der zweiten] Periode gewesen?

107. Welches sind die vornehmsten Ketzer in dieser Periode gewesen?

108. Welches sind die allgemeinen Kirchenversammlungen oder Concilien in dieser Periode gewesen?

109. Was ist von dem äußerlichen Gottesdienst und den Gebräuchen bey demselben in dieser Periode zu bemerken?

110. Was ist von der Ausbreitung der christlichen Religion in dieser Periode zu bemerken?

111. Was ist von den Verfolgungen der Christen in dieser Periode zu bemerken?

112. Welches sind die vornehmsten Lehrer der christlichen Kirche in dieser [= der dritten] Periode gewesen?

113. Welches sind die vornehmsten Ketzer in dieser Periode gewesen?

114. Was ist von der Trennung der occidentatlischen und orientalischen Kirche zu bemerken?

115. Welches sind die vornehmsten Kirchenversammlungen oder Concilien in dieser Periode gewesen?

116. Was ist von dem äußerlichen Gottesdienst und den Gebräuchen bey demselben in dieser Periode zu bemerken?

117. Was ist von der Ausbreitung der christlichen Religion in dieser Periode zu bemerken?

118. Was ist von den Verfolgungen der Christen in dieser Periode zu bemerken?

119. Welches sind die vornehmsten Lehrer der christlichen kirche in dieser [= der vierten] Periode gewesen?

120. * Was ist von der Trennung der Römischkatholischen und protestantischen Kirche, oder der Geschichte der Reformation zu bemerken?

121. * Was ist von der Trennung der Lutherischen und reformirten Kirche zu bemerken?

122. Was sind außerdem für besondere Religionspartheyen in dieser Periode entstanden?

123. Was ist von de Tridentinischen Kirchenversammlung zu bemerken?

124. Was ist von dem äußerlichen Gottesdienst und Gebräuchen bey demselben in dieser Periode zu bemerken?

125. Was ist von der Ausbreitung der christlichen Religion in dieser Periode zu bemerken?

126. Was ist von den Verfolgungen in dieser Periode zu bemerken?

Dritter Abschnitt.
Die Gelehrtenhistorie.

127. Was ist von der Geschichte der Gelehrsamkeit überhaupt zu bemerken?

128. Was ist insonderheit von der Geschichte der Philosophie zu bemerken?

129. Was ist insonderheit von der Geschichte der Mathematik zu bemerken?

130. Was ist von der Geschichte der Theologie zu bemerken?

131. Was ist von der Geschichte der Rechtsgelahrtheit zu bemerken?

132. Was ist von der Geschichte der Medicin zu bemerken?

133. Was ist von der Geschichte der historischen Wissenschaften zu bemerken?

134. Was ist von der Geschichte der Philologie zu bemerken?

135. Was ist von der Geschichte der Redekunst und Dichtkunst zu bemerken?

136. Was ist von der Geschichte der Musik zu bemerken?

137. Was ist von der Geschichte der Mahler- Bildhauer- und Kupferstecherkunst zu bemerken?

138. Was ist von der Geschichte der Handwerke und anderer Handarbeiten zu bemerken?

Vierter Abschnitt.
Die Geschichte der Natur.

139. Welches sind die vornehmsten außerordentlichen Begebenheiten der Natur gewesen?
[...]

*120. Was ist von der Trennung der Römischkatholischen und protestantischen Kirche, oder der Geschichte der Reformation zu bemerken?

1) Es waren in der christlichen Kirche, sonderlich während der Kreuzzüge, verschiedene Mißbräuche eingerissen, welche schon seit langer Zeit verschiedene Bewegungen verursacht hatten. Im Jahr 1517 entstanden neue Bewegungen über die Verkündigung gewisser Indulgenzien, oder eines großen Ablasses, welchen der Pabst allen verliehe, die zur Erbauung der St. Peterskirche in Rom einen Beytrag thun wollten, und welchen Johann Tetzel, ein Dominikanermönch in Sachsen verkündigte.

2) Luther wurde hiedurch veranlaßt, seine Meinung vom Ablaß und verschiedenen andern bisher in der Kirche angenommenen Lehren, sonderlich von der Rechtfertigung, öffentlich vorzutragen. Er schlug daher 1517 den 31sten Oktober zu Wittenberg 95 Theses oder Sätze an, um darüber zu disputiren, welche sogleich fast in ganz Teutschland bekannt und von vielen angenommen wurden.

3) Der Kardinal Cajetan ließ Luther 1518 nach Augsburg kommen, um sich mit ihm wegen dieser Sätze zu unterreden, welche er aber sowol gegen diesen Kardinal, als 1519 gegen den Doktor Johann Eck behauptete, daher er 1520 von dem Pabst Leo 10 in den Bann gethan wurde.

4) Der Kaiser Karl 5 hielt 1521 einen Reichstag zu Worms, auf welchem Luther erscheinen mußte, da er aber auch hier seine Lehre eifrigst behauptete, so wurde er in die Reichsacht erklärt.

5) Im Jahr 1522 wurde ein Reichstag zu Nürnberg gehalten, auf welchem verschiedene Teutsche Fürsten hundert Beschwerden gegen die bisherige Kirchenverfassung vortrugen, und eine Verbesserung derselben durch ein allgemeines Concilium verlangten.

6) Der Römische König Ferdinand hielt 1529 im Namen des Kaisers einen Reichstag zu Speyer, auf welchem eine Verordnung gemacht wurde, daß niemand in der Religion eine Veränderung vornehmen sollte; dagegen protestirte der Kurfürst von Sachsen, Johann der Beständige, und verschiedene andere Fürsten und Stände des Reichs, welche Luthers Lehren angenommen hatten, daher sie von dieser Zeit an Protestanten genannt wurden.

7) Im Jahr 1530 den 25 Junii wurde ein von Melanchthon aus den von Luther zu diesem Zweck aufgesetzten Artikeln und verschiedener anderer protestantischen Theologen eingesandten Aufsätzen verfertigter vollständiger Lehrbegriff der Protestanten zu Augsburg in Gegenwart des Kaisers Karl 5, des Königs Ferdinand, der Kurfürsten und Fürsten des Reichs, öffentlich verlesen, welche Schrift daher die Augsburgische Confession genannt wird. Hierauf machte der Kurfürst von Sachsen mit den übrigen Fürsten und Ständen, welche diese Confession angenommen hatten, ein Bündniß zu Schmalkalden, um sich allen besorglichen Gewaltthätigkeiten zu widersetzen. Indessen wurde 1532 bey entstandenem Kriege mit den Türken auf dem Covent zu Nürnberg die Gewissensfreyheit bis auf ein allgemeines Concilium verstattet.

8) Im Jahr 1537 wurden die sogenannten Schmalkaldischen Artikel als ein Lehrbegriff der Protestanten von Luthern verfertigt, um sie einem künftigen allgemeinen Concilio vorlegen zu können.

9) Im Jahr 1546 wurde der Kurfürst von Sachsen, Johann Friedrich, und der Landgraf von Hessen, Philipp, nebst andern Fürsten, welche Luthers Lehre angenommen hatten, vom Kaiser in die Reichsacht erklärt, worüber es zu einem Kriege zwischen beyden Partheyen kam.

10) Im Jahr 1548 machte der Kaiser Karl 5 eine Religionsverordnung bekannt, welche das Interim genannt wird, darinn den Protestanten einige ihrer Lehren bis auf ein allgemeines Concilium zugestanden wurden. Es wurde indessen ein Concilium zu Trident gehalten, die Religionsstreitigkeiten aber dadurch nicht beygelegt.

11) Der Kurfürst Moritz von Sachsen, welcher, nachdem der Kurfürst vom Kaiser war gefangen genommen worden, 1547 die Kurwürde erhalten und mit dem Kurfürsten von Brandenburg, Joachim 2, dem Markgrafen Albrecht von Bayreuth, und verschiedenen andern, vornehmlich protestantischen Fürsten, ein Bündniß gemacht hatte, griff 1552 den Kaiser an, und nöthigte denselben zu dem Passauischen Vertrage, worauf 1555 auf dem Reichstage zu Augsburg der Religionsfriede folgte, darinn den Protestanten die freye Ausübung ichrer Religion verstattet wurde. 12) Im Jahre 1561 hielten verschiedene protestantische Fürsten einen Convent zu Naumburg, wo sie sich aufs neue zur Beybehaltung der unveränderten Augsburgischen Confession verbanden und das Tridentinische Concilium verwarfen.

13) Der Kurfürst von Sachsen, August, verordnete 1576 einen Convent zu Lichtenberg, und darauf einen andern zu Torgau, um verschiedene unter den Protestanten noch streitige Lehren auszumachen. Die zu Torgau von verschiedenen Theologen aufgesetzten Artikel wurden hierauf an verschiedene protestantische Reichsstände geschickt, und aus denselben und den darüber eingesandten Anmerkungen 1577 im Kloster Bergen bei Magdeburg von Andreä, Chyträus, Chemnitius, Selneccer, Musculus und Comerus eine weitläuftige Schrift verfertigt, welche 1580 unter dem Titel der Formula Concordiae

bekannt gemacht, und von den meisten Protestanten angenommen wurde.

14) Endlich wurde in dem Westphälischen Frieden 1648 der Passauische Vertrag und Augsburgische Religionsfriede bestätigt und festgesetzt, daß alles, sowol in der Religionsübung, als in dem Besitz der geistlichen Güter, so bleiben sollte, wie es im Anfang des Jahres 1624 gewesen wäre.

aus: Reccard, Lehr-Buch (1783), Vorrede, S. 198–367 und S. 322–325.

Q 22: Geschichte als praktische Sittenlehre im Basedow'schen „Methodenbuch" (1770)

Johann Bernhard Basedow (1714–1790) gilt heute als eine der zentralen Persönlichkeiten des aufgeklärten Philantropismus im späten 18. Jahrhundert. Er hatte in Leipzig und Kiel Theologie studiert und wurde 1753 als Professor für Moral, Beredsamkeit und Theologie an die Ritterakademie im dänischen Soroe auf Seeland berufen. Schon wenige Jahre später aber wurde er wegen Streitigkeiten um seine orthodoxe Ausrichtung wieder entlassen und kam 1771 an den anhaltinischen Hof zu Dessau. Zwischen 1774 und 1793 betrieb der dort das sog. Philanthropinum, die „Pflanzschule der Menschheit", die er aber aus Geldmangel wieder schließen mußte. 1774 legte er sein berühmtes „Elementarwerk" vor, den Prototyp des modernen Realienbuches, das durch seine reiche Ausstattung mit Kupferstichen insbesondere auch Wert auf die visuelle Vermittlung des Stoffes legte. Das galt auch für den Unterricht in Geschichte, der freilich ganz auf die sittliche Erziehung hin ausgerichtet war. Der folgende Ausschnitt ist dem etwas früher entstandenen „Methodenbuch" entnommen.

[...] in der Sittenlehre [ist] nicht Unterricht, sondern Uebung die Hauptsache. Man muß gleich anfangs die Abhängigkeit der Kinder, ihren Hang zur Nachahmung, und ihr Vertrauen auf Belehrung weislich gebrauchen, sie zu den einzelnen tugendhaften Neigungen und Handlungen zu gewöhnen und diejenigen schlimmen Verwöhnungen zu verhüten, welches es ihnen unangenehm, schwer oder unmöglich machen würden, der moralischen Einsicht und dem Gewissen, wenn sie in ihren Seelen entstehen werden, Folge zu leisten.

Die Sittenlehre und die Klugheitsregeln gründen sich auf Erfahrung: unsere eigene aber ist zu eingeschränkt und kömmt oft zu spät; wir bedürfen also der Nachricht von Fremden. Nur in dieser Absicht hat die G e s c h i c h t s t u n d e einen wahren Werth, obgleich die Liebe zu derselben anfangs sich nur auf die natürliche Wißbegierde der Menschen gründete. Die moralischen Regeln, wenn sie nicht durch Erzählung bestätigt werden, beschäftigen nur den Verstand, aber nicht zugleich die Einbildungskraft. Weiß also der Lehrer eine wahre Geschichte, die seinem Zwecke völlig gemäß ist, so muß er sich derselben bedienen; weiß er keine, so darf er dichten.

Wichtig und von großem Nutzen sind beim Unterricht auch G e m ä l d e und K u p f e r s t i c h e: 1) Die Erfahrung zeigt, wie sehr Alles, was einem Bilde ähnlich sieht, die Kinder vergnüget. 2) Die Betrachtung und Sittenlehren, die bei solchen Figuren angebracht werden, sind lebhafter als andere, dauern längern und werden von einem Kinde dem andern mitgetheilt und wiederholt. 3) Von vielen sinnlichen Dingen kann man in den Lehrstunden keinen Begriff ohne Abbildung machen, weil sie ausländisch, oder wenigstens abwesend sind. 4) Durch Hülf der Bilder wird der Lehrer leichter verstanden.

aus: Basedow, Das Methodenbuch (1770), S. 114.

Q 23: Johann Matthias Schröckh überarbeitet die „Einleitung" des Hilmar Curas (1774)

Johann Matthias Schröckh (1733–1808) wollte zunächst Theologe werden und begann ein entsprechendes Studium in Göttingen. Später wechselte er zur Philosophie und habilitierte sich in diesem Fach

1756 an der Universität Leipzig. 1775 übernahm er nach dem Tod von Johann Daniel Friedrich (1706–1775) dessen Professur für Geschichte an der Universität Wittenberg. Wie Sylvester Tappe (Q 20) war auch Schröckh mit dem Verleger Friedrich Nicolai befreundet, in dessen Verlag zahlreiche seiner Schriften erschienen. Auf diesen ging auch die Anregung zurück, die gut etablierte „Einleitung in die Unviersal-Historie" des Hilmar Curas (Q 13) zu aktualisieren.

[...] Es sind ohngefähr fünf Jahre, als Herr Nicolai, mein sehr werther Freund,[84] von mir verlangte, daß ich des seel. Curas Einleitung in die Universalhistorie,[85] so weit es nöthig wäre, verbessern möchte, weil es bald in einer neuen Ausgabe erscheinen dürfte. Ich versprach dieses ohne Bedencken: denn ob ich gleich dieses Buch nie glesen oder gebraucht hatte, glaubt ich doch, daß eine solche Bemühung bey demselben wenige Zeit erfordern würde. Als ich nachmahls an mein Versprechen erinnert wurde, fehlte es mir an Muße, dasselbe sogleich zu erfüllen. Dagegen nahm ich es über mich, meine Gedancken über die Verbesserung des gedachten Buches schriftlich aufzusetzen: vielleicht konnten sie einem andern Herausgeber desselben einige Dienste leisten. Indem ich dieses würklich that, fand ich bald, daß es – wenigstens nach meiner Einsicht – nicht sowohl hie und da berichtigt, als vielmehr ganz umgeschmolzen werden müsse. Man erwarte hier nicht, was mir sehr leicht fallen könnte: einen umständlichen Tadel der Methode des Buchs, und vieler einzelner Stellen desselben. Der rechtschaffene Mann hat seine Entschuldigungen für sich: wir sind seit seiner Zeit im historischen Geschmack weiter gekommen; warum sollten wir uns auf den Trümmern der Werke eines H. Hübner[86] und

---

84 Gemeint ist Schröckhs Verleger Friedrich Nicolai (1733–1811), selbst ein bedeutender Gelehrter, der u. a. an der *Allgemeinen deutschen Bibliothek* mitarbeitete.

85 Siehe oben, **Q 13**.

86 Siehe oben, **Q 15**.

seiner Nachahmer selbstgefällig erheben? Im neunzehnten und zwanzigsten Jahrhunderte, wenn die Geschichtskunde etwan manche von den wichtigen Ergänzungen erhalten hat, deren sie noch bedarf, möchten wohl unsere Nachkommen uns mitleidig betrachten, daß wir so wenig in der Geschichte gewußt haben; wir, die wir so viel von derselben zu wissen glauben.

Genug, mein Aufsatz wurde verfertigt, und ein auswärtiger Gelehrter übernahm die Besorgung der neuen Ausgabe. Aber auch diesen hinderten seine Geschäfte, mit derselben gegen die sich nähernde Zeit des Drucks fertig zu werden. Sie kam also im Herbste des vorigen Jahres abermals an mich: ich konnte es meinem Freunde nicht länger abschlagen, selbst an eine gänzliche Umarbeitung des Buches zu denken. Bis gegen Ostern dieses Jahres habe ich blos den Entwurf dazu machen können; seitdem ist derselbe, fast zugleich mit dem angefangenen Abdrucke, so weit ausgeführet worden, als es mir meine Kräfte, mehrere Beschäftigungen und Unruhen vergönnt haben.

Nichts würde mich jemals bewegen können, ein ausführliches Werk über die allgemeine Weltgeschichte zu schreiben. Kenner wissen es, mit welchen fast unüberwindlichen Schwierigkeiten eine solche Arbeit verknüpft sey; für mich aber halte ich sie ganz und gar unmöglich.

Da mir unterdessen, ohne daß ich es anfänglich vermuthen konnte, an Statt der Verbesserung eines fremden Buchs von diesem Inhalte, die Verbindlichkeit auferlegt wurde, selbst einen kurzen Auszug der merkwürdigsten Begebenheiten der allgemeinen Weltgeschichte, für den Unterricht der Jugend abzufassen: so überredete ich mich, (ich weis nicht ob aus Willfährigkeit, oder nach einer richtigen Beurtheilung,) daß ein Auszug dieser Art weit weniger Wissenschaft, Ueberlegung und Zeit verlange. Freylich ist es leicht, etwas besseres zum Gebrauche der Jugend über die Geschichte aufzusetzen, als die meisten vorhandenen Compendien darstellen. Aber ich sagte mir noch außerdem, daß dieses lange nicht genug sey; daß man auch hierinne nicht bloß etwas erträgliches und von groben Fehlern freyes, sondern etwas vorzüglich gutes leisten müße. Denn es ist allerdings ein Vorurtheil, zu glauben, als wenn für Kinder und Ungelehrte das Mittelmäßige immer hinlänglich wäre. Ich werde also dennoch viele Entschuldigungen nöthig haben, und sie in der Gelegenheit und in den Umständen suchen, welche dieses Buch erzeugten.

Meine ganze Aufmerksamkeit war auf eine Methode gerichtet, die eben so faßlich als gemeinnützig wäre, um der Jugend einen lehrreichen Begriff von der allgemeinen Geschichte des menschlichen Geschlechts beyzubringen. Dieser Begriff ist nicht erst erfunden worden, wie man uns seit einiger Zeit versichert hat: denn es gehöret gar sehr zu dem Charakteristischen unsers Zeitalters, daß uns unter einer Menge neuer oder wenigstens aus fremden Sprachen geborgter Wörter, sehr viel altes als neu verkauft wird. Hat man gleich, besonders in Deutschland, nach dem wahren Begriff einer allgemeinen Weltgeschichte, die Lehrbücher derselben bis auf die neuesten Zeiten eben nicht verfaßt; so waren doch gewiß alle scharfsinnigen Männer darinne längst einig, daß in der gedachten Geschichte, wenn sie insonderheit der Jugend vorgetragen werden soll, nicht bloß eine Sammlung vieler Erzählungen von allen Zeiten und Völkern; sondern eine Auswahl der größern Begebenheiten, welche zur Veränderung der Welt im Ganzen genommen das meiste beygetragen haben, Platz finden müsse. So schrieb schon vor fast hundert Jahren Bossuet an den Dauphin: „Diese Art einer allgemeinen Geschichte ist in Vergleichung mit den Geschichten eines jeden Landes und eines jeden Volks, nichts anders, als was eine allgemeine Landkarte gegen Specialkarten ist." Eine solche Grundlage der historischen Wissenschaft habe ich ebenfalls zu errichten gesucht. Doch davon ist in dem Buche selbst mehr gesagt worden.

In dieser Absicht habe ich mir auch vorgesetzt, nicht bloß für das Gedächtniß, sondern eben so sehr für die Beurtheilung der jungen Lernenden, zu schreiben. Man glaubt ordentlich, daß bey denselben nur die erstere diese Kräfte geübt werden könne; daßalles geschehen sey, was geschehen kann, wenn sie vieles gefaßt haben, und fertig herzusagen wissen. Aber Lehrer, welche nicht gewohnt sind, sie als bloße Maschinen zu behandeln, verstehen es besser, als ich es ihnen zu sagen brauche, daß das Nachdenken ihrer Lehrlinge zeitig erweckt und geschärft werden könne und müsse, wenn nicht alles was sie lernen, bloß eine Last des Gedächtnisses bleiben soll. Es kommt nur darauf an, daß beyde Fähigkeiten zur gemeinschaftlichen Hülfleistung angeleitet werden.

Dieses ist auch einer der vornehmsten Ursachen, warum ich den Vortrag durch Fragen und Antworten in eine fortfließende Erzählung verwandelt habe. Nicht allein wird dadurch das unseelige Auswenieglernen der Antworten, ohne sie zu verstehen, verhütet: und ich gestehe es, daß ich solches recht unmöglich zu machen gesucht habe. Es kann zugleich auf diese Art das Nachdenken über die Begebenheiten mehr befördert, und ihre Ueberschauung im Großen erleichtert werden. Setzt man noch den Vortheil hinzu, daß die Jugend durch einen solchen Vortrag beyzeiten an eine gute zusammenhängende Erzählung gewöhnt wird: (und man weiß, wie sehr sie dieselbe in ihrem ganzen Leben, in Briefen, oder in andern Aufsätzen, nöthig hat,) so kann man schwerlich mit dieser Veränderung unzufrieden seyn. Unterdessen sind auch Fragen beygefügt worden, von denen der Lehrer nach seiner Einsicht, und zur Prüfung der Lehrenden, Gebrauch machen kann.

Daß ich diese Geschichte hauptsächlich so vorzutragen gesucht haben werden, wie sie bey der deutschen Jugend einen bleibenden Eindruck machen kann, erwartet man ohnedies von mir – auch von jedem, der sie in unserm Vaterlande lehrt. Sie soll, besonders bey dem so oft veränderten Zustande des letztern, und bey den Thaten ihrer Vorfahren – fortia facta patrum[87] – ste-

---

87 Tapfere Taten der Vorfahren.

hen bleiben. Keineswegs aber soll dieses, wider die Absicht einer allgemeinen Weltgeschichte die Würkung hervorbringen, daß über der deutschen Geschichte eine jede andere vernachläßiget werde. Diesen Fehler wird auch die unzertrennliche Verbindung der Geschichte aller berühmten Völker mit einander leicht vermeiden helfen. [...]

> aus: Schröckh: Lehrbuch der allgemeinen Weltgeschichte zum Gebrauche bei dem ersten Unterrichte der Jugend (1774), Vorrede.

Q 24: Was ist Universalgeschichte? Johann Friedrich Lorenz (1775)

Johann Friedrich Lorenz (1738–1807) hatte das Hallenser Pädagogicum (Q 12) besucht und war später Schulrektor zunächst in Burg bei Magdeburg, dann an der Domschule Berge in Magdeburg selbst. Er schrieb nicht nur über Geschichte, sondern auch Lehrbücher zur Mathematik, Technik und Botanik.

Vorbereitung zur Universalhistorie.

Erster Abschnitt.

Begriff der Universalhistorie, und Entwurf der gegenwärtigen Anleitung.

1. Die historische Erkenntniß ist die unterste Stufe des menschlichen Wissens, und zugleich das Fundament, auf welchem alle unsere übrigen Kenntnisse gebauet sind. Mangelt uns dieselbe, so wissen wir gar nichts. Die Historie ist also den Fähigkeiten aller Menschen angemessen.

2. Es läßt sich auch eine wissenschaftliche Kenntniß der Historie gedenken, und es ist der Mühe werth, darnach zu streben; auch sehr rathsam, beym Unterricht der Jugend in der Historie, gleich die erste Anlage dazu zu machen.

3. Diese wissenschaftliche Kenntniß der Historie kann ohne die sogenannten Hülfswissenschaften, welche die Historie

voraussetzt, unmöglich erreicht werden. Diese Hülfswissenschaften, die Geographie, Chronologie, und Kenntniß der Quellen, sind es also, welche obgedachte erste Anlage zur wissenschaftlichen Erlernung der Historie zum Theil ausmachen.

4. Eine andere Anlage hierzu bestehet in der Ordnung, in welcher man die Historie erlernet. Man kann die Historie in einer doppelten Ordnung treiben, so daß man entweder vom einzelnen auf das zusammengesetzte Ganze, das ist von einem Theil der Geschichte, von der Specialhistorie, auf die ganze Geschichte, auf die Universalhistorie fortgehet; oder daß man diese umkehrt, und von der Universalgeschichte zu den Specialhistorien fortschreitet. Keine von diesen beyden Ordnungen hat an sich vor der andern einen vorzüglichen Werth; aber zur wissenschaftlichen Erlernung der Historie ist die letztere nothwendig, und der ersteren weit vorzuziehen, wie aus dem Begriff der Universalhistorie sogleich erhellen wird.

5. Die Universalgeschichte soll die großen Weltbegebenheiten glaubwürdig und im Zusammenhange erzählen, so daß man sich daraus eine deutliche Vorstellung machen könne, durch welche Abwechslungen, und auf welchen Stuffen das menschliche Geschlecht zu dem Zustand gestiegen, darinnen es sich jetzt befindet.

6. Nur die großen Weltbegebenheiten sind ein Gegenstand der Universalhistorie. Ehe wir den Deutschen, den Franzosen, den Spanier, usw. kennen lernen, müssen wir erst den Menschen überhaupt kennen, und ehe wir uns mit den minder ausgebreiteten Veränderungen in der Welt bekannt machen, müssen wir erst diejenigen Begegebenheiten betrachten, die einen Einfluß aufs Ganze, auf die wichtigen Schicksale des menschlichen Geschlechts hatten. Diese grosse Weltbegebenheiten, welche die Universalhistorie allein verlanget, machen, daß weder alle Völker, noch die ganze Geschichte eines jeden Volks, welche sonst in den Specialhistorien ihren Platz finden, in der Universalhistorie zugelassen werden.

7. Die Nachricht von diesen großen Weltbegebenheiten muß glaubwürdig seyn. Hierdurch unterscheidet sich die Historie überhaupt von Fabeln, Mährgen und dem gemeinen Gerüchte. Nur diejenige Historie ist glaubwürdig, die auf ächten Zeugnissen beruhet, und derjenige nur hat eine zuverläßige, gründliche Erkenntnis von der Historie, der sie nach den Zeugnissen, auf denen sie sich gründet, geprüft hat.

8. Der Zusammenhang der Begebenheiten kann von mancherley Art gedacht werden, davon aber nur zwo Arten für die Historie von Erheblichkeit sind: Erstlich hängen Begebenheiten als Ursachen und Würkungen zusammen. Diese sind dergestalt in einander gegründet, daß sie durchaus nicht dürfen getrennt werden. Wäre es uns bloß darum zu thun, die Handlungen der Menschen schlechthin zu kennen, ohne auf ihre Triebfedern zu achten; so möchte eine solche Trennung noch wohl angehen, obgleich auch alsdenn die Erlernung der Geschichte sehr schwer gemacht werden möchte. Denn nichts erleichtert unserem Gedächtnisse mehr die Aufbewahrung so unzählig vieler Begebenheiten mehr, als wenn unser Verstand sich dieselben im Zusammenhange denkt, und eine immer aus der andern herleiten kann. Zweytens, einige Begebenheiten haben keine andere Verbindung miteinander, als daß sie zu einerley Zeit vorgefallen sind, und sie sich gleich in ganz verschiedenen Ländern und mit verschiedenen Personen zugetragen haben. Auch diese Art des Zusammenhangs ist in der Universalgeschichte unentbehrlich, worinnen man sich jede Begebenheit, jede Person, mit ihrem ganzen Zeitalter zugleich denken muß, um sie in ihrer Verwickelung mit den Schicksalen des menschlichen Geschlechts sich vorzustellen.

9. Aus diesen Eigenschaften der Universalhistorie erhellet zur Genüge, wie wichtig es sey, sie allen Specialhistorien vorauszuschicken, und wie sehr die Erlernung solcher Specialhistorien davon jede ihre Elemente in der Universalhistorie findet, durch eine solche Ordnung könne erleichtert werden. [...]

12. Die Anleitung zur Universalhistorie ist nach dem doppelten Zusammenhange der Begebenheiten, welche der 8. Satz anzeigt, eingerichtet worden, und besteht also aus der Völkergeschichte, nach der ersten, und aus der synchronistischen Universalhistorie, nach der zwoten Art des Zusammenhangs. Zwischen beyden steht die chronologische Anordnung der Völkergeschichte mitten inne, und macht also mit ihnen 3 Abschnitte meiner Anleitung aus.

Erster Abschnitt: Systematischer Abriß der Völkergeschichte.

Zweiter Abschnitt: Chronologischer Abriß der Völkergeschichte.

Dritter Abschnitt: Synchronistischer Abriß der Völkergeschichte.

13. Die Völker, welche in der Universalhistorie abgehandelt werden, können nach dem, was im 6. Satze gesagt worden, keine andere, als Hauptvölker seyn, ohne daß dadurch alle Begebenheiten anderer Völker ausgeschlossen werden, die, wenn sie dem Begriff der Universalhistorie gemäß sind, in die Geschichte der Hauptvölker eingeschaltet werden müssen. Die Zahl der Hauptvölker will ich nicht bestimmen; in meiner Anleitung habe ich 8 Hauptvölker genommen, die füglich unter vier Classen können gebracht werden.

Erste Classe: Juden.

Zwote Classe: Egypter, Phoenicier, Assyrer.

Dritte Classe: Perser, Griechen, Macedonier.

Vierte Classe: Römer.

14. Ruhepunkte sind in der Historie, die von einem so weitläuftigen Umfange ist, nothwendig. Man hat dazu mit Recht Perioden gewählet; aber ich habe aus meinen Bemerkungen, über meine eigene Erlernung, und über den Unterricht, den ich andern in der Historie erteilt, gesehen, wie vielen Schwierigkeiten diese Art des Vortrags unterworfen ist. Ich bin weit davon entfernt, solche Perioden zu verwerfen, deren Nutzen und

Nothwendigkeit in der Historie ich mit andern selbst behaupte; allein man erlaube mir, bloß in der Völkergeschichte Perioden beyzubehalten; in der synchronistischen Universalhistorie aber die Annehmung dieser Perioden, wenigstens bey [ihrer] Erlernung, auszusetzen, und einen andern Weg zu versuchen, um der Jugend das Behalten der Jahreszahlen, und dadurch der Begebenheiten selbst, nach ihrer Ordnung, auf das möglichste zu erleichtern.

Die Sündfluth kam im Jahr der Welt 1656, und die christliche Zeitrechnung fing mit dem J[ahr] d[er] W[elt] 3948 an; wie im Folgenden wird bewiesen werden. Ueber 8 Jahrhunderte vor der christlichen Zeitrechnung, oder, wie man gemeiniglich um der Kürze willen sagt, und ich auch immer sagen werde, vor Christo, steigt keine einzige weltliche Geschichte von Zuverläßigkeit. Daher teile ich die gesammte Geschichte in sechs Zeiträume.

> Der erste Zeitraum gehet von der Schöpfung bis zur Sündfluth, oder vom J[ahr] d[er] W[elt] 1 bis 1656, und ist gleichsam von der übrigen Geschichte abgesondert.
>
> Der zweite Zeitraum gehet von der Sündfluth bis auf das achte Jahrhundert vor Christo, also vom J[ahr] d[er] W[elt] 1656 bis 3148, und enthält die weniger zuverläßigen Begebenheiten der weltlichen Geschichtschreiber.
>
> Der dritte Zeitraum begreift die nächsten acht Jahrhunderte vor Christo, also vom J[ahr] v[or] C[hristo] 800 bis 1, und fasset also die Begebenheiten in sich, die auch in Absicht ihrer Chronologie hinreichend ausgemacht sind.
>
> Der vierte Zeitraum gehet zu den nächsten acht Jahrhunderten nach Christo fort, also vom J[ahr] n[ach] C[hristi Geburt] 1 bis 800.
>
> Der fünfte Zeitraum füget die darauf folgenden acht Jahrhunderte hinzu, also vom J[ahr] n[ach] C[hristi Geburt] 800 bis 1600.

Der sechste Zeitraum beschließt die ganze Geschichte mit den neuesten Zeiten vom J[ahr] n[ach] C[hristi Geburt] 1600 bis 1775.

aus: Lorenz, Anleitung zur Universalgeschichte, zum Gebrauch der Schulen (1775), Vorrede.

Q 25: August Ludwig Schlözer über den Unterricht in Weltgeschichte für Kinder (1779)

August Ludwig Schlözer (1735–1809) gehört zu den sicherlich faszinierendsten Geschichtsdidaktikern des 18. Jahrhunderts. Er hatte zunächst Theologie in Wittenberg studiert, später auch Geographie und Sprachen in Göttingen, vor allem, um sein Bibelstudium zu vertiefen. Anschließend belegte der unglaublich produktive Schlözer aber auch Medizin und Staatswissenschaften. Nach Anstellungen als Hauslehrer in Schweden und Russland wurde er 1770 auf eine Professur an die Universität Göttingen berufen, wo er zunächst vor allem Universalgeschichte lehrte. Dieser Lehrtätigkeit sind mehrere sehr erfolgreiche Lehrwerke für unterschiedliche Publika entsprungen, u. a. die „Vorbereitung zur Welt-Geschichte für Kinder" von 1779, die jüngst von Marko Demantowsky und Susanne Popp in einer sprachlich modernisierten und umfangreich kommentierten Fassung neu herausgegeben worden ist (2011). Aus der Vorrede dieses Werkes geben wir hier Auszüge in der Originalfassung.

[...] Noch keine Welt Geschichte, sondern nur eine geographische, naturkündige, politische und historische „Vorbereitung" dazu.

Für „Kinder". Es versteht sich, wenigstens 10jährige Kinder: die schon einen beträchtlichen Vorrat geographischer Kenntnisse besitzen; schon Unterricht in der Religion, folglich auch in der biblischen Historie, genossen haben; und durch alle diese Vorübungen, bereits einer scharfen, wengistens halben Stunden lang ununterbrochenen fortdauernden Aufmerksamkeit, fähig geworden sind.

Für solche Kinder kann gegenwärtige Vorbereitung „kinderleicht" gemacht werden, so bald ein, nicht blos geschickter, sondern auch fleißiger KinderLehrer, hinzu kömmt: der sich auf jede Lection besonders präparirt; jedes HauptWort vorher nach den Ideen, die es darstellen soll, untersucht; und zu jeder HauptIdee das schicklichste erläuternde Beispiel in Bereitschaft hält (nicht aber, erst während des Unterrichts, es kümmerlich und auf ein Geratewol sucht).

Ein solcher präparirter Lerer wird nun, in der LerStunde selbst, I. dem Kinde eine Reihe von Sätzen, mündlich, aber lebhaft, one Buch, aber in eben der Ordnung, wie die Sätze im Buche stehen, vor-erzählen. Dann II. läßt er solche das Kind nach-erzählen; und hilft ein, wo das Kind etwas ausläßt, oder gar irrig erzählt. Und dann erst III. wird die Lection vom Kinde selbst, laut und nachdenkend, hergelesen: die versteckten Ideen werden durch Ausfragen wiederholt, und die schweren, oder die nicht ahften wollten, allenfalls durch Unterstreichen vor künftiger Vergessenheit gesichert.

Bei dieser Methode leistet das Büchlein einen doppelten Dienst: I. als KinderLehrBuch. Dem Lerer sind darinn alle Begriffe vorgezält, die er, nicht mer und nicht weniger, über eine Materie anzubringen hat. Auch die Ordnung ist ihm angewiesen, in der er einen Begriff nach dem andern abgeben soll. II. als Kinder-Lern oder Lese-Buch. Von mancher Zeile wird das Kind, vor dem Unterrichte, kein Wort verstehen; nach dem Unterricht aber wird es von jedem Wort Bescheid geben können. Die nun, seiner süßen Meinung nach, von ihm selbst gehobene Dunkelheit, oder sein Bewußtseyn, daß es commentiren könne, wird ihm natürlich mer Interesse für das Gelesene geben: jedes von Ideen volle Beiwort wird ihm den Reiz eines Rätsels haben. Und ein nach Monaten bereits halb entwischtes factum, wird es, durch einen Blick in sein Buch, wieder herbeischaffen können.

Weit davon also, daß gedrungne Kürze, oder Concentrirung der Idee, und Anhäufung von Tatsätzen und Beispielen,

ein KinderBuch unbrauchbar mache; halte ich solche vielmehr
für notwendige Eigenschaften. Mit weitläuftigen KinderBü-
chern, wo das Lustige der KinderSprache eine HauptSache ist,
und wissenschaftliche Ideen nur einzeln, wie Gründlinge in
einem Flusse, herumtreiben, habe ich, nach meiner Erfahrung
(Andre können andre Erfahrungen haben), nie etwas ausrich-
ten können. Das Herausfischen ist den Kindern zu mühsam:
oder anstatt zu fischen, plätschern sie nur. [...]

Den häufig eingestreuten p o l i t i s c h e n Sätzen sieht es, bei
ihrer gegenwärtigen Travestirung, wol nicht jeder mer an,
daß sie ursprünglich dem Sidney,[88] Stewart,[89] Home,[90] Genovesi,[91] Smith,[92] und andern dergleichen transscendentalen
Männern, zugehören. Zu dieser lästigen Neuerung, Politik
mit Historie zu paren, oder Sätze, die sich sonst nur die Geweih-
ten in dunklen Adyten [= mysteriöse Orte] ins Ohr sagten, in
der KinderStube auszuplaudern, mußte ich mich deswegen
entschließen, weil es mir äußerst unnatürlich vorkam, von
Staaten, Reichen, Königen, und Eroberungen, einem Kinde vor-
zuschwatzen, das von Bürgerlicher Gesellschaft, von C o n t r a t
s o c i a l , von F o r c e   p u b l i q u e u. s. f. nicht den allergeringsten

---

88 Algernon Sidney (1623-1683), ein englischer Exliant, dessen Schriften
    später John Locke sehr beeinflußten – ins besondere seine Discourses con-
    cerning government (1750), auf die auch Schlözer vermutlich hier anspielt.
89 Vielleicht meint Schlözer hier den schottischen Mathematiker Matthew
    Stewart (1715-1785)?
90 Henry Home, Lord Kames (1696-1782), ein schottischer Jurist und Agrar-
    reformer. Sein erfolgreichstes Werk war kurz zuvor auch in deutscher
    Übersetzung erschienen: Untersuchung über die moralischen Gesetze
    der Gesellschaft (1778).
91 Antonio Genovesi (1712-1769), geweihter Priester, lehrte Metaphysik in
    Neapel. Gemeint sein könnte etwa sein prominentes Werk: Universae
    Christianae theologiae elementa dogmatica, historica, critica (1771).
92 Ähnlich wie Stewart ist auch der häufige Name Smith nur schwer mit
    einer spezifischen Person bzw. deren Werk zu identifizieren. Vielleicht
    meint Schlözer tatsächlich den schottischen Moralphilosophen Adam
    Smith (1723-1790), der als Vater der klassischen Nationalökonomie in die
    Geschichte eingangen ist?

Begriff hat! sollte ein Kind dieser Ideen durchaus nicht fähig seyn; oder hielte man's für bedenklich, ein Kind schon aus dem Stupor [= aus der (gedanklichen) Starre] zu errütteln, in welchem Millionen alter ErdBürger sanft schlummern, und wonniglich träumen; nun – so lasse man es, zu seiner Ruhe, und zur Ehre der Wissenschaft, mit der WeltGeschichte lieber ganz ungeplagt.

Kätzereien sind, wo ich nicht irre, in allen 6 Bögelchen nicht: weder Stats- noch Kirchen-Kätzereien. Neue Meinungen aber mögen wol häufig vorkommen; falls man alles das neu und eigen nennen will, was nicht im Rollin,[93] Millot,[94] und andern dergl. ToiltettenBüchern, steht.

Auch vor dem zudringlichen Moralisiren hab' ich mich, meines Wissens, fleißig gehütet. Nichts ist allen Lesern unleidlicher, nichts jungen Lesern unnützer, als das unzeitige Predigen in der Historie. Aber solche moralischen Sätze, deren stärkste Beweise gerade in der Geschichte sitzen, die Sätze von der natürlichen Gleichheit aller Menschen, vom Glück der Bürgerlichen Gesellschaft, vom Werthe der Erziehung, vom Unsinn der Intoleranz u. s. w.: diese durft' ich doch anbringen, erklären, so gar ans Herz und Zwerchfell legen, one den Vorwurf zu befürchten, daß ich über dem Reflexionenmachen das Historisieren vergessen hätte?

aus: Schlözer, Vorbereitung zur WeltGeschichte für Kinder, erster Theil (1779), unpanginierte Vorrede.

---

93   Charles Rollin (1661–1741), französisches Philologie, wiederholt Rektor der Akademie in Paris.
94   Claude François Xavier Millot (1726–1785), königlicher Prediger, Professor für Geschichte an der Universität Parma.

Q 26: Über das Lernen von Geschichte mit Biographien (1781)

Dieser anonym veröffentlichte Brief – eine durchaus übliche Form des wissenschaftlichen Aufsatzes in den gelehrten Blättern jener Zeit – setzt sich mit dem besonderen Wert von Biographien für den Geschichtsunterricht auseinander: mit Blick auf das Erinnern ebenso wie auf dessen Ziel, nämlich die sittliche Erkenntnis. Interessant ist dabei vor allem, dass gerade die moralisch-sittliche Ambivalenz als Charakteristikum des Menschens für besonders lehrhaft erachtet wird. Auch hier könnte sich, wie später in Q 29, kantianischer Einfluss bemerkbar machen.

Vorbereitung zum Unterricht in der Geschichte durch Biographien.

Erlauben Sie mir, mein ehrwürdiger Freund, Ihnen eine Idee mitzutheilen, die ich schon lange mit mir herum trug, aber erst neulich die Zeit fand, sie aufs Papier zu werfen. Ich habe sie einigen Freunden vorgelegt, deren Beifall mir den Muth gab, sie dem Annalisten der Menschheit zur Prüfung zu übergeben. Sie betrifft ein Vorbereitungsmittel zur Erlernung der Geschichte, dieses wichtigen Zweigs des pädagogischen Unterrichts. Die Welthistorie ist das Archiv, aus welchem wir die Beilagen zu den Grundsätzen der Moral herholen. Sie enthält eine Bildergallerie der Tugend und des Lasters; Engel und Teufel treten darin in Menschengestalt auf, und lassen Segen und Blut aus ihren Sphären herabregnen.

Der Schauplaz und die Epochen der Begebenheiten sind dem Anfänger allezeit minder wichtig, als die Personen, welche die Rollen gespielt haben; und dem Pädagogen, der die Geschichte als eine praktische Sittenlehre vortragen will, muß diese unbestrittene Wahrnehmung zum Leitfaden dienen.

Erst seit einem halben Jahrhundert hat man angefangen zu muthmassen, daß die Historie mehr sey, als ein chronologisches Verzeichniß von Schlachten und Eroberungen, und erst seit wenig Jahren besizen wir einige Lehrbücher, welche uns eine reiche und treuere Rücksicht in das weite Gebeite der Vergangenheit aufschliessen. Die Barbarei und Kultur der Völker, ihre Lage, ihre Sitten, ihr Gottesdienst, ihre Regierungsform, ihre Künste, ihr Handel; alle diese mannichfaltigen Quellen ihrer Erhöhung und ihres Falles, sind nach und nach in das dürre Feld der Geschichte gezogen worden. Allein, wird nicht eben dadurch das Auge des Schülers geblendet, wenn man ihm auf einmal einen Guckkasten öfnet, worin unzählbare Gruppen von Marionetten bunt übereck vor ihm vorbeitanzen, wo Heroen und Päbste, Philosophen und Kaiser, Weltentdecker und Reformatoren, Mordbrenner und Poeten, Hand in Hand, wie Raqueten aufsteigen und verschwinden, sie zu unterscheiden, und mehr als ihre Namen zu erfahren?

Dächten Sie nicht, mein edler Freund, daß man die Jugend zuvorderst mit den Materialien der Geschichte bekant machen, und erst, wenn jedes Stück hinlänglich besehn und erklärt ist, diese Fragmente in ein Ganzes zusammensezen sollte? Keine müssige Spekulation, sondern der Weg der Erfahrung brachte mich auf diesen Gedanken, der nach und nach bei mir zu festen Ueberzeugung gediehen ist. Unter diesen Materialien verstehe ich nicht die Geschichte einzelner Völker, einzelner Jahrhunderte, auch nicht einmal die vaterländische Historie, mit der viel einsichtsvolle Männer den Anfang machen wollen, sondern eine wohlgewählte Reihe Historiengemählde in Lebensgrösse, mit genauer Beibehaltung des Kostums und der natürlichen Farben, ohne romantischen Zusaz, ohne kolossalische Verzerrung. Unverwischt und bis in den kleinsten Zügen anschauen, schweben mir noch die Figuren vor der Seele, die ich in meinem 12ten Jahr in K i e b u r z e n s Kinderbibel[95] G o t t-

---

95   Kyburz, Historien- Kinder- Bet- und Bilder-Bibel ...(1736). – Vgl. dazu
    Adam/Lachmann, Kinder- und Schulbibeln (1990), S. 100ff. oder Huber,
    Für die Jugend lehrreicher (2013), S. 41ff.

frieds Chronik[96] und Imhofs Bildersaal[97] gesehn, und deren
Anblick in mir die Begierde erweckte, die Beschreibung dieser
Szenen im Texte zu lese. Ich ahndete damals nicht, daß ich
ein System in den Händen hielt, und hätte ein schulgerechter
Lehrer mir den Zusammenhang und die Zeitfolge dieser Begebenheiten einprägen wollen, er würde mir meine Freude ver-
bittert, und den mächtigen Eindruck der sinnlichen Intuition
zuverlässig geschwächt haben. Keinem, der sich in seine Jugend
zurückdenkt, wird es an ähnlichen Erfahrunge nmangeln, die
meine Meinung unterstüzen, daß das Studium der Geschichte
durch die Darstellung einzelner auffallender Begebenheiten,
oder vielmehr durch eine Sammlung treugezeichneter Biographien historischer Personen, vorbereitet werden sollte. Wenn
ein Kompendium nicht zu vielen Bänden erwachsen soll, so ist
es dem Verfasser nicht möglich, die charakteristischen Züge,
die auffallenden détails hinein zu bringen, die doch allein den
Körper vom Schatten unterscheiden, und die Haken sind, welche die Weltbegebenheiten ins Gedächtniß heften; und, will er
diesem Mangel in seinem Vortrage abhelfen, will er diese Ski-
zen alsdann von freier Hand ausmahlen, so wird es ihnen oft
an Korrektion und Interesse fehlen; sein historischer Prälimi-
narunterricht wird sich ins Unendliche ziehen, und eben dadurch wird er seines eingebildeten Zwecks, der Jugend eine Uebersicht des Ganzen zu verschaffen, unausbleiblich verfehlen.
Wir lassen also lieber den chronologischen Zusammenhang
und die systematischen Formen der Geschichte so lange bei Seite, bis ein hinreichender Vorrath von Baustücken gesammelt,
und der Schüler selbst begierig ist, zu sehn, wie sie in einander greifen. Weit früher, als wir denken, wird diese Begierde

---

96 Gottfried, Historische Chronik oder Beschreibung der merkwürdigsten
    Geschichten von Anfang der Welt bis auf heutigen Tag ..., 8 Bde. (1630–
    1634) (fortgesetzt und neu aufgelegt bei Hutter in Frankfurt a. M. noch
    bis 1759).
97 Imhof, Neu-eröffneter historischer Bilder-Saal ..., 11 Bde. (1703–1752).

in ihm aufwachen, und kein Kind wird lange eine Schachtel voll Soldaten unter den Händen haben, ohne es zu versuchen, sie in Schlachtordnungen zu stellen. Sind ihm die spielenden Personen bekant, welche auf dem Schauplaz der Welt Tragödien oder Farcen aufgeführt haben, so darf es nur ihre Namen hören, um sich an hundert kleine Anekdoten zu erinnern, welche ihm den Helden unvergeßlich machen Die Freude, Dinge zu wissen, deren das Kompendium nicht erwähnt, wird seine Aufmerksamkeit anfeuern, seine Eigenliebe kizeln, und dem Lehrer die schwere Arbeit erleichtern, ihm in oft kleinen Charakterzügen die Keime grosser Revolutionen bemerklich zu machen.

Bei dem Namen des Alexanders wird ihm seine Einbildungskraft, diesen Welteroberer, fast zu gleicher Zeit auf dem Bucephalus, im Flusse Cydnus, vor dem Fasse des Diogenes, mit dem Becher des Philippus in der Hand, an der Spitze seiner Argiraspiden, in dem Gezelte der Statira, vor dem Leichname des Darius, vor Augen mahlen, und wenn man ihm den allmächtigen Bezwinger Asiens zum Gott erheben will, so wird er die Schatten eiens Clitus, Callistenes und Betis gegen ihn zeugen lassen. Sagt man ihm blos, nach Anleitung seines Kompendiums, und mehr kan dieses ihm nicht sagen, Alexander hat die persische Monarchie umgestürzt und die griechische gegründet: so ist dieses ein trockenes Faktum, das ihm die Geschichte nicht interessant macht, weil er keine bildliche Vorstellung dabei haben kan. Es ist die lezte Szene eines Drama und nicht das Drama selbst mit seiner Exposition, mit seinem Knoten und mit dem Maschinenwerk seiner Entwicklung.

Unter einer solchen Bildergallerie verstehe ich ferner kein buntes Gemengsel isolirter Anekdoten, keine accera philologica,[98] sondern eine Samlung von kurzen, aber wohl inancirten Lebensbeschreibungen welthistorischer Personen,

---

98 Von lat. *accera* = Weihrauchkästchen. Damit bezeichnete man eine Sammlung von Anekdoten und Denkwürdigkeiten aus dem Bereich der

wovon jede ein Ganzes ausmacht, die aber doch alle in der Ordnung zusammengereihet sind, wie sie auf der Szene der Welt ihre Rollen gespielt haben. Jede solcher Biographien müßte mit einem Kupfer versehen seyn, welches das Erzählte treu und in seiner Individualität darstellte, ohne Gemeinörter, ohne Schnickel, ohne Künstlermanier, ganz in den schlichten Gewändern der Wahrheit. Will man die Weltgeschichte in drei Perioden, der ältern, mittlern und neuern abtheilen, so könten die Kupfer zu der 1sten schwarz, zur 2ten blau und zur 3ten roth abgedruckt werden. Dieser Farbunterschied ist keine Kinderei. Hat ein Knabe alle drei Sammlungen einigemal aufmerksam durchbildert und vom Texte nur so viel behalten, als er bei einer wiederhohlten Erzählung von einer esopischen Fabel behalten wird, so will ich Bürge dafür seyn, daß er, wenn man ihm den Helden, oder einen seiner wichtigen Lebensumstände nennet, sich zu gleicher Zeit der Farbe erinnern wird, in welcher ihm seine Thaten vor Augen gemahlt worden. Auf diese Weise wird er, ohne es zu wissen, mit den drei Hauptabtheilungen der Historie bekant, und auf sein Lebenlang vor groben Anachronismen verwahrt seyn. Ein Theil dieses Plans hat zwar der verdienstvolle Schröckh (und wer konte es besser?) in seiner allgemeinen Weltgeschichte für Kinder ausgeführt.[99] Doch war sein Zweck nicht, sowohl das Leben einzelner Personen, als die Schicksale der Völker, und mehr eine zusammenhängende Welthistorie, als eine Samlung biographischer Gemählde, darzustellen. Ueber dieses sind die Kupfer, wie mich dünkt, nicht immer gut gewählt, und in so geringer Anzahl, daß sie blos daß sie blos als Verzierung des Werks und nicht als ein vehiculum der Lehrart anzusehen sind. Dieses Buch könte aber mit grossem Nuzen als eine Einleitung in die systematische Laufbahn gebracht und den Kindern un-

---

Wissenschaften. Beliebte Titel waren etwa Peter Laurembergs *Acerra philologica* (1637) und *Newe und vermehrte Acerra philologica* (1658).

99 Siehe oben, **Q 23**.

mittelbar nach den vorgeschlagenen Lebensbeschreibungen in die Hände gegeben werden. Mich wundert, daß in unsern Tage, da man der Jugend alles spielend beibringen will, da jede Messe einige Lehrbücher über alles Wißbare ans Licht treten, noch kein Lesebuch dieser Art erschienen ist; denn als Lesebuch und nicht anders, müßte es gebraucht werden. Kostbar könte die Unternehmung nicht seyn.

Funfzig bis sechzig Biographien für jeden Zeitraum und eben so viel Kupferplatten, welche zwar Werke eines verständigen Künstlers, aber keine Meisterstücke seyn dürfen, werden schwerlich so viel kosten, als das Basedwosche Elementarbuch[100] und der Herablassung eines Chodowiecki[101] wenigstens eben so viel Ehre machen, als die Bilderchen, womit er seit einigen Jahren so manchen Roman und so manchen Kalender ausgeschmückt hat. Um aus jeder Lebensbeschreibung mehr als eine Begebenheit anschaulich darzustellen, könte man die Kupfer in mehrere Fächer abtheilen, und eben deswegen schiene mir das kleien Quartformat zu diesem Werke das schicklichste zu seyn, wofern man Text und Kupfer nicht lieber von einander trennen wollte.

Als Einleitung oder Anhang zu jedem Bande oder Zeitraum sollten die Alterthümer und Merkwürdigkeiten desselben, z. B. die Gottheiten, Gebräuche, Waffen, Erfindungen der Nationen, die in den Biographien und beiläufig vorkommen, beigefügt und kürzlich erklärt werden. Ich sage nichts von der Schreibart dieses Buchs, ausser daß man dabei die kindischen Plattheiten und die gezierte Einfalt des pädagogischen Modestils eben so sehr, als den Ton der Deklamation und der Polyhistorie, vermeiden müßte.

---

100   Siehe oben, **Q 22**.

101   Gemeint ist Daniel Nikolaus Chodowiecki (1728–1801), damals einer der populärsten deutschen Kupferstecher und Illustratoren. Er illustrierte auch das Basedow'sche Elementarwerk (**Q 22**).

Ich merke ohnehin, mein ehrwürdiger Freund, daß ich mich schon allzulang bei einem Plane aufgehalten habe, dessen ganzer Werth auf der Ausführung beruhet, zu der es weit leichter seyn würde den Verleger als den Verfasser zu finden.

[Aus dem Antwortschreiben in der Folgeausgabe:]

Es ist unstreitig, verehrungswürdiger Freund, daß solche Biographien, wie Sie vorgeschlagen, die schicklichsten und die nützlichsten Vorbereitungen zum Studium der Geschichte sind, und daß die eigentliche Geschichtskunde für Jüngliche so lang ein fruchtloses Geschäft seyn muß, bis sie durch Gemälde von den Schicksalen und von den Bedürfnissen einzelner Menschen, besonderer Familien und anderer kleiner Gesellschaften gelernt haben, sich Begriffe von dem zu machen, was in der allgemeinen Geschichte am meisten verdient bemerkt zu werden, und doch am meisten übersehen wird. Hierzu werden die Biographien dienen, die Sie, mein Freund, wünschen, wenn sie nach Ihrem Sinne, und in der Rücksicht, die ich hier angebe, behandelt werden.

Ehe ich weiter gehe, so will ich Ihnen hier einen Plan vor Augen legen, den ich ehmals über die Art abgefaßt hatte, wie ich dachte, daß die allgemeine Geschichte sollte gelehrt werden.

Da die Geschichte der vor der Sündfluth verflossenen Jahrhunderte uns nur einige, obwohl freilich sehr kostbare Bruchstücke, darbietet: so würden wir sie von der übrigen Geschichte trennen, und in einer Einleitung, ungefähr nach der vortreflichen Anleitung behandeln, welche der Herr Abt Jerusalem uns dazu gegeben hat.[102]

---

102 Gemeint ist der protestantische Theologe Johann Friedrich Wilhelm Jerusalem (1709–1789), der häufig als „Abt Jerusalem" in der Literatur auftaucht. Er war 1745 Mitbegründer des Braunschweiger *Collegium Carolinum* (s. oben, **Q 16**).

Nach der Sündfluth deut uns die Geschichte der uns am meisten bekanten Völker sieben Hauptveränderungen dar. Wir werden uns von der allgemeinen Geschichte den hellesten Begriff machen können, wenn wir jede davon besonders betrachten weden; die Vermischung aller gleichzeitigen mit einander nicht verbundenen Begebenheiten kan hingegen nichts als Verwirrung und Ordnung erzeugen. [...]

Sie sehen, würdigster Freund, daß ich schon vor Jahren Biographien als wichtige Werkzeuge zur Erleuchtung und zur Bildung der Jugend angesehen habe; aber nur als Nebenstücke des Unterrichtes in der Geschichte, nicht als Vorbereitungsmittel dazu. Und ich gestehe Ihnen, daß ich erst durch Sie über den Nuzen belehrt worden bin, den Biographien vor dem systematischen Unterrichte in der Geschichte leisten können.

Ich hoffe, Ihre gründlichen und lichtvollen Gedanken werden irgend einen unsrer geschickten Schriftsteller aufmuntern, eine solche Arbeit zu unternehmen. Er wird vielleicht einige meiner Ideen mit den Ihrigen vereinigen, und nichts würd für mich schmeichelhafter seyn.

aus: Becker, Ephemeriden der Menschheit, Siebentes Stück (1781), S. 3–11 und Achtes Stück (1781), S. 129–144.

Q 27: August Friedrich Pauly über die Unterschiede von bürgerlicher und gelehrter Kenntnis der Historie (1785)

August Friedrich Pauly (1756–1818) war Pfarrer in Benningen am Neckar und der Vater des berühmten Altphilologen gleichen Namens, nach dem noch heute ein Standardnachschlagewerk („Der Pauly") benannt ist. Auch der Vater ging bereits altphilologischen Studien – und didaktischen Reflexionen darüber – nach, wie dieser Quellenauszug illustriert. Ansonsten weiss man nicht viel über ihn, auf dem Titelblatt gibt er sich selbst als „Magister der Weltweisheit" an. Der hier abgedruckte Auszug zeigt sehr gut die noch immer enge Verbindung von

der Ausbildung in klassischen Sprachen und Geschichtsunterricht am
Ausgang des 18. Jahrhunderts.

Diese gelehrte Vorbereitung muß sich genau anschliessen
an die bürgerlichen Kenntnisse, die zum Grunde gelegt worden
sind; eins muß dem andern immer die Hand bieten. Und es ist
auch leicht zu sehen, wie das hier geschehen müsse. Der gesit-
tete Bürger unterscheidet sich vom Gelehrten im Allgemeinen
dadurch, daß jener mehr eine historische, dieser eher eine philosophische Kenntnis besizt. Jener weiß etwa, was geschieht, und
hat er Kenntnisse gesammelt, so weiß er auch, wie es geschieht;
von diesem erwartet man, daß er wisse, warum es geschehen
seye, und so geschehen müsse. Es ist also natürlich, daß die
eigentlich gelehrte Erziehung damit anfange, daß die in den allgemeinen Bürgerschulen historisch getriebene Kenntnisse bei
dem Eintritt in die gelehrte Schule rekapitulirt, und bestimm-
ter, gründlicher und genauer vorgetragen werden.

Man läßt sich jezt mehr auf Beweise und Darstellung des
Zusammenhangs der Wahrheiten ein, z. B. bey dem Religionsunterricht, den philosophischen Kenntnissen u. dgl. Die Re-
chenkunst wird jezo scientifisch behandelt, die praktischen
Vorübungen des Verstands nähern sich mehr der Genauigkeit
des Unterrichts in der systematischen Philosophie.

Was die Erdbeschreibung und Länderkunde betrifft, so ge-
nügt es dem gesitteten Bürger, von der Eintheilung, Benen-
nung, Gröse, den Produkten und den merkwürdigsten politischen, und kirchlichen Einrichtungen der Länder, und den
vornehmsten Städten und Oertern so viel Einsicht zu haben, als
er gerade braucht, um mit der Welt, in welcher er lebt, bekannt
zu seyn, eine zeitung und Reisebeschreibung lesen zu können,
die neuere Geschichte und Vorfälle seiner Zeit zu verstehen,
und bei gesellschaftlichen Unterredungen mit sachkundiger
Beurtheilung mitsprechen zu können. Der Gelehrte soll eine
Stufe höher stehen; er soll nicht nur wissen, wie werden die

Länder neuer Zeit eingetheilt, benennt, u. s. w. sondern er soll auch angeben können, wie ist es zugegangen, daß sie so eingetheilt, benennt worden sind; mit einem Wort, er soll nicht nur neue, sondern auch alte Erdbeschreibung mit genauer Kenntnis der Geschichte verbunden verstehen.

Die Geschichte betreffend, ist es dem gesitteten Bürger eigentlich nur um die neuere Geschichte zu thun; die alte hat auf seine Bestimmung keine nähere Beziehung, als in so ferne sie ihm einen Leitfaden giebt, an dem er die neuern Begebenheiten anreyhen kann, daß sie im Gedächtnis nicht ganz isolirt sind. Dem Gelehrten, der in dem Zusammenhang der Fakta tiefer dringen, und Begebenheiten an Begebenheiten nicht blos chronologisch, sondern auch pragmatisch anknüpfen soll, genüget an jenem nicht. Er muß in der alten Welt, deren Begebenheiten den Stoff enthalten, woraus sich allmählig die Gestalt der neuen Welt entwikelt, so bekannt seyn, wie in der neuen. In der alten Welt sind die Schiksale der Griechen und Römer an Folgen die fruchtbarsten.

Die Geschichte der Römer, die unsrer gegenwärtigen Absicht näher ligt, beschreibt die Schiksale eines Volks, das viele Jahrhundert hindurch das mächtigste Volk war, den Erdkrais beherrschte, seine Sprache und Geseze der überwundenen Welt mittheilte, und die Länder in eine neue Gestalt gos. Es ist offenbar, mit der Geschichte dieses Volks muß der Gelehrte vertraute Bekanntschaft haben. – Wenn eine Nation gute Geschichtschreiber hat, die die Schiksale ihres Volks selbst beschrieben haben, so ist es am besten, man lerne die Geschichte dieses Volks aus seinen eigenen Geschichtschreibern. Also die römische Geschichte aus römischen Geschichtschreibern. Aber ausdem Original, oder aus Uebersezungen? Diese Frage wird uns noch einigemal in die Queere kommen. An diesem Ort ist es nicht nöthig, diese Frage umständlich zu untersuchen; wir wollen voriezt nur im Allgemeinen betrachten, welche Vorzüge das Verstehen des lateinischen Originals vor dem Lesen der besten Uebersezung desselben zum Voraus habe, und das auf

das Lesen der lateinischen Geschichtsbücher näher anwenden.
Die Anwendung auf die übrigen Gattungen lateinischer Schriften findet ihre Stelle da, wann von dieser die Rede seyn wird. [...]

aus: Pauly, Versuch einer vollständigen Methodologie für den gesammten Kursus
der öffentlichen Unterweisung in der lateinischen Sprache und Literatur, Erster
Theil (1785), S. 165–168.

Q 28: Justus Möser über die Bedeutung der Landesgeschichte für die politische Klugheit (1790)

*Justus Möser (1720–1794) war vor allem Jurist und Staatsmann in osnabrückischen Diensten. Er hat sich aber auch als Historiker bis heute
einen Namen gemacht. Der folgende Auszug aus seiner „Osnabrückischen Geschichte" zeigt bemerkenswerte Überlegungen zur Historik auf.*

[Aus dem Vorwort zur zweiten Auflage:]

[...] Nach meinen jetzigen Empfindungen zu urtheilen, hätte ich mich nie in das Feld der Geschichte wagen sollen; sie erfordert den ganzen Fleiß eines Mannes und nicht blos einige
Nebenstunden. Indessen glaube ich doch noch immer manchem einen Stof zum weitern Nachdenken gegeben zu haben,
und einige Nachsicht zu verdienen, da ich meiner Arbeit keinen
höhern Preiß setze, als sie bey Weisen und Thoren gelten kann.
Ich sehe das hohe Ideal wohl, und ich könnte Männer nennen,
die es noch deutlicher sehen als ich, wohin die Geschichte mit
der Zeit gebracht werden kann; wer es erreicht, dem will ich
von ganzen Herzen Glück wünschen. Sie wird aber recht vielen
Menschen, und nicht blos einzelnen Ständen unter den selben
n u t z e n , insbesondere aber den B ü r g e r und L a n d m a n n
lehren müssen, wie in den mancherley Regierungsformen und
deren sich immer veränderten Spannungen F r e y h e i t und E i
g e n t h u m am sichersten erhalten könne. [...]

[Aus dem Vorwort zur ersten Auflage, das auch in der zweiten noch einmal mit abgedruckt worden ist:]

[...] Bey der Arbeit [...] fühlte ich bald, daß die neuern Zeiten durchaus das Licht der alten nöthig hätten. Ich ward daher zuerst genöthiget, bis zu der Epoche des mit Herzog Heinrich dem Löwen gesprengten Großherzogthums Sachsen zurück zu gehen. Wie ich hier war, muste ich die Verfassung unter Carl dem Grossen haben, und endlich, um solche recht anzulegen, in die ältesten Zeiten hinauf gehen. [...]

Da meine Zeit zu kurz war, so gieng ich überall u n m i t t e l - b a r zu den Quellen; und meine wenige Bekanntschaft mit ihnen machte, daß ich alles neu zu entdecken glaubte. Das Vergnügen, welches ich dabey empfand, verführte mich zu unzähligen Ausschweifungen; wovon ihc mit ziemlicher Strenge eine ungeheure Menge nachwärts verworfen, doch aber nach dem mir vorgesteckten kleinen Ziel, noch viel zu viel beybehalten habe.

Ein andrer Fehler ist, daß ich den Anfang zum Schreiben auf reisen während dem letzten Kriege gemacht, und mir erst jede Sache nach ihrer Möglichkeit vorgestellet, und solche hernach zu Hause vielleicht nicht mit gnugsamer Unpartheylichkeit gegen die Beweise geprüfet habe. Daher kann einiges einen schienbaren Hang nach der Hypothese behalten haben. Denn diese pflegt ihren ersten Liebhaber doch immer heimlich und unsichtbar zu verfolgen. [...] Indessen glaube ich doch eben dadurch, daß ich auf eine sonderbare Art verfahren, und nicht sofort den gewöhnlichsten Weg eingeschlagen bin, manches auf eine neue Art gewandt, und viele historische Wahrheiten möglicher und wahrscheinlicher erzählet zu haben, als andre, welche entweder mit Sammlen den Anfang machen, und dann mit ermüdetem Geiste die Feder ansetzen, oder nur blos ein schlechtes Gebäude verbessern.

Vielleicht habe ich auch darin gefehlet, daß ich die Charaktere der vorkommenden Personen niemals in einem besondern

Gemählde entworfen habe. Ich bin aber gewiß, daß die erstern sehr viel von meiner eignen Erfindung behalten haben
würden, und halte in Ansehung der letztern dafür, daß in der
Geschichte, so wie auf einem Gemählde blos die Ta t e n reden,
und Eindruck, Betrachtung und Urtheil jedem Zuschauen eigen bleiben müssen. Im Alter, und fast in jeder Periode des Le-
bens, sehen wir die Begebenheiten von einer ganz andern Seite
an, machen ganz neue Betrachtungen darüber, und vertragen
diejenigen nicht mehr, welche uns in jüngern Jahren die präch-
tigsten schienen. Daher thut in der Geschichte die H a n d l u n g,
wenn sie moralisch vorgestellet, oder mit ihren Ursachen und
Folgen erzählet wird, und schnell und stark fortgehet, eben das,
was sie auf der Schaubühne thut. Sie e r w e c k t, nährt und füllt
die Aufmerksamkeit der Zuschauer mehr, als alle dabey ange-
brachte Sittenlehre, die oft zur Unzeit eine Thräne von demje-
nigen fordert, der über die Handlung lachen muß.

Ich habe mir auch wohl nicht wenig geschadet, daß ich diese
meine Einleitung, (welche eigentlich zu einer h i s t o r i s c h e n
L o g i c, und daher vielleicht nicht Erzählungsweise geschrieben seyn sollte), nicht erst ganz entworfen, sondern solche immer so, wie ein Bogen fertig wurde, in die Presse geschickt habe.
[...] Je weiter ich kam, je mehr lernte ich. Allein da die Bogen immer abgedruckt waren: so konnte ich nicht wieder einlenken;
und muß mich jetzt begnügen, wenn die Geschichte meiner
Fehler, andre vorsichtiger macht. [...]

Jedoch ein aufmerksamer Kenner der deutschen Geschichte wird [...] leicht erkennen, daß wir nur allsdenn erst eine
b r a u c h b a r e und p r a g m a t i s c h e Geschichte unsers Vaterlandes erhalten werden, wenn es einem Mann von gehöriger Einsicht gelingen wird, sich auf eine solche Höhe zu setzen, wovon
er alle diese Veränderungen, welche den Reichsboden und seine
Eigenthümer betroffen, mit ihren Ursachen und Folgen in den
einzelnen Theilen des Reiches übersehen, solche zu einem einzigen Hauptwerke vereinigen, und dieses in seiner ganzen Grösse

ungemahlt und ungeschnitzt, aber stark und rein aufstellen kann. Wie vieles wird aber auch ein Gatterer noch mit Recht fordern, ehe ein Geschichtschreiber jene Höhe besteigen und sein ganzes Feld im vollkommensten Licht übersenden kann.

Indessen bleibt ein solches Werk dem deutschen Genie und Fleisse noch immer angemessen, und belohnt ihm die Mühe. Der mächtige und reissende Hang grosser Völkervereinigungen zur Monarchie und die unsägliche Arbeit der Ehre, oder, nach unsrer Art zu reden, der Freyheit, womit sie jenem Hange begegnen, oder ihrer jetzt fallenden Säule eine bequemen Fall hat verschaffen wollen, ist das prächtigste Schauspiel, was dem Menschen zur Bewunderung und zur Lehre gegeben werden kann [...] Und so viel grosse Bewegungsgründe müssen uns aufmuntern, unserer Nation diese Ehre zu erwerben. Sie müssen einen jeden reizen, seine Provinz zu erleuchten, um sie dem grossen Geschichtschreiber in dem wahren Lichte zu zeigen. Das Costume der Zeiten, der Stil jeder Verfassung, jedes Gesetzes, und ich möchte sagen, jedes antiquen Worten, muß den Kunstliebenden vergnügen. Die Geschichte der Religion, der Rechtsgelehrsamkeit, der Philosophie, der Künste und Religion, der Rechtsgelehrsamkeit, der Philosophie, der Künste und schönen Wissenschaften ist auf sichere Weise von der Staatsgeschichte unzertrennlich, und würde sich mit obigem Plan vorzüglich gut verbinden lassen. Von Meisterhänden versteht sich. Jeder Krieg hat seinen eignen Ton und die Staatshandlungen haben ihr Colorit, ihr Costume und ihre Manier in Verbindung mit der Religion und den Wissenschaften. Rußland giebt uns davno täglich Beyspiele; und das französische eilfertige Genie zeigt sich in Staatshandlungen wie im Roman. Man kann es so gar unter der Erde an der Linie kennen, womit es einen reichen Erzgang verfolgt, und sich zuwühlt. Der Geschichtschreiber [muß] allemal so viel von der Geschichte der Künste und Wissenschaften mitnehmen, als er gebraucht, von den Veränderungen der Staatsmoden Rechenschaft zu geben.

[...] Ich hoffe übrigens, meine Gönner und Freunde, denen ich die Geschichte unsers Vaterlandes hiemit zu übergeben anfange, werden solche mit einigen Vergnügen lesen. Eine Familie nimmt insgemein Antheil an den Zufällen der ihrigen, und die Geschichte unsers kleinen Staats ist die Erzählung der Begebenheiten unserer nächsten Angehörigen Der Zirkel, für welchen solche einige wichtigkeit haben, wird zwar sehr klein seyn. Allein ich entsage mit Freude der Begierde in einer grossen Gesellschaft zu glänzen, wenn ich ihnen ein häusliches Vergnügen, als das edelste und nöthigste unter allen, verschaffen kann. Die Erkenntlichkeit, so ich meinem Vaterlande schuldig bin, macht mir diese Selbstverläugnung nicht schwer; und wenn dermaleinst ein deutscher Livius aus dergleichen Familiennachrichten eine vollständige Reichsgeschichte ziehen wird; so werde ich nicht für den kleinsten Plan gearbeitet haben.

aus: *Möser, Osnabrückische Geschichte, Erster Theil (1780), Vorrede.*[103]

Q 29: Johann Christian Dolz über Geschichtsunterricht in weltbürgerlicher Absicht (1796)

Johann Christian Dolz (1769–1843) hatte Theologie, Philosophie und Geschichte in Leipzig studiert, bevor er 1793 an die dortige Ratsfreischule wechselte. Er widmete sich nachdrücklich pädagogischen, zumal auch (bislang kaum erforschten) religions- und geschichtsdidaktischen Studien und gab seit 1806 zwei Jugendzeitschriften heraus.

In den meisten Verzeichnissen derjenigen Wissenschaften, welche in verbesserten Bürgerschulen unter die Lehrgegenstän-

---

103 Eine leicht modernisierte Fassung auch bei Möser, Ausgewählte pädagogische Schriften (1965), S. 67–69. Allerdings sind hier nicht alle Kürzungen kenntlich gemacht, sodass manche Auslassungen den Sinn geringfügig verändern.

de entweder schon aufgenommen worden sind, oder doch, nach dem Wunsche Sachverständiger Männer, aufgenommen werden sollen, wird man wöchentlich einige Stunden zum Unterricht in der Weltgeschichte und der vaterländischen insbesonder, angesetzt finden. Aus dieser fast allgemeinen Uebereinstimmung erfahrner Pädagogen, läßt sich schon ein vortheilhafter Schluß für die Zweckmäßigkeit der Geschichte, als Lehrgegenstand in Bürgerschulen machen. Es scheint also beinahe überflüßig zu seyn, von neuem die Frage aufzuwerfen: ob es denn wol zweckmäßig sey, in Bürgerschulen Geschichte zu lehren? Allein, so wie jede Sache von mehrern Seiten betrachtet werden kann, so läßt sich auch dieser Gegenstand aus einem doppelten Gesichtspunkte ansehn. Es lassen sich wenigstens Einwürfe denken, die man gegen die Zweckmäßigkeit des Unterrichts in der Geschichte in Bürgerschulen machen kann, wenn man auch auf diejenigen, welche in der thörigten Furcht einer zu großen Volksaufklärung ihren Grund haben, nicht Rücksicht nehmen will. Ich will daher in diesem Aufsatze eine, freilich nur allgemeine, Beantwortung folgender drei Fragen zu geben versuchen:

1. Ist es zweckmäßig, in Bürgerschulen Geschichte zu lehren?

2. Wenn diese Frage aus Gründen bejaht werden kann: was soll man aus dem wieten Umfange dieser Wissenschaft, zum Unterricht in Bürgerschulen, aufnehmen?

3. Wie soll man dies lehren?

1) Wenn man richtig bestimmen will, ob diese oder jene Wissenschaft ein zweckmäßiger Gegenstand des Unterrichts in Bürgerschulen seyn kann; so muß man sich nicht nur an den Zweck erinnern, der bei dem Schulunterrichte überhaupt beabsichtigt wird, sondern man muß auch ganz vorzüglich den

besondern Zweck in Erwägung ziehn, den man durch Bürgerschulen zu erreichen wünscht. Daß Entwicklung und Bildung
der Seelenkräfte des jungen Menschen, der vornehmliche Zweck
des Schulunterrichts seyn soll, darüber scheinen die Stimmen
erfahrner Jugendlehrer nicht mehr getheilt zu seyn. Allein,
dieser allgemeine Zwecke an sich betrachtet, kann immer noch
nicht einzig und allein den Maaßstab zur Bestimmung der
Gegenstände, die in Bürgerschulen gelehrt werden sollen, her-
geben. Denn lassen sich nicht gar viele Mittel denken, durch
welche die Seelenkräfte eines jungen Menschen entwickelt und
gebildet werden können? Kann dies nicht auch durch die Erlernung fremder Sprachen geschehen? Aber wird deswegen wol
ein vernünftiger Pädagoge die Erlernung derselben in Bürgerschulen für nothwendig oder zweckmäßig halten? Wenn man
also darüber einig werden will, was für Kenntnisse man dem
jungen Menschen in Bürgerschulen mittheilen müsse, um seine Seelenkräfte zu entwickeln; so muß man vorzüglich auf die
allgemeine Bestimmung des Menschen, und auf die besondern
Verhältnisse des künftigen Bürgers Rücksicht nehmen, und
sorgfältig untersuchen, in welcher nähern oder entferntern
Beziehung diese oder jene Wissenschaft mit der allgemeinen
Menschenbestimmung und den besondern Verhältnissen des
künftigen Bürgers stehe. Nur von der Wissenschaft, von welcher sich darthun läßt, daß die Mittheilung derselben, wenn
sie anders das Fassungsvermögen des Schülers nicht übersteigt,
eins der wirksamsten Mittel sey, den Menschen zu einem sittlich guten und religiösen Menschen zu bilden, und
seine Brauchbarkeit für die bürgerliche Gesellschaft zu erhöhn,
ist es zugleich erwiesen, daß sie unter der Zahl der in Bürgerschulen aufzunehmenden Lehrgegenstände, einen Platz ver-
diene.

Es fragt sich also: trägt die Geschichte hierzu etwas bei? Die
Beantwortung dieser Frage wird man in den Einleitungen, die
den besten Geschichtsbüchern vorgesetzt sind, nicht vergebens

suchen. Man wid hier unter andern Vortheilen, die die Geschichte gewährt, auch folgende aufgezeichnet finden: Aus
der Geschichte kann man Menschenkenntniß, Lebensweisheit
und Klugheit lernen; durch die darin vorkommenden guten
Beispiele kann man zur Tugend ermuntert, und durch die bösen vor dem Laster gewarnt werden; durch sie wird der Glaub
an eine Vorsehung, oder weise und höhere Leistung der Men-
schenschicksale und Weltbegebenheiten, in dem Gemüthe des
Menschen befestigt; man kann aus der Geschichte eins der besten Verwahrungsmittel gegen das Vorurtheil des Alterthums
hernehmen u. s. f. Hat dieses alles seine Richtigkeit – und wer
könnte daran zweifeln? – so leuchtet hieraus ein nicht unbe-
deutender Einfluß hervor, den die Geschichte auf die Bildung
einer moralisch-religiösen Denkungs- und Handlungsart, auf
Lebensklugheit, und also auf die bürgerliche oder gesellschaft-
liche Brauchbarkeit des künftigen Bürgers haben kann. Sollte
sie also nicht um deswillen unter den Unterrichtsgegenstän-
den in Bürgerschulen einen Platz behaupten?

Ehe ich aber noch die Beantwortung dieser Frage für ge-
schlossen ansehen kann, muß ich einen Einwurf berühren, der
gegen die Zweckmäßigkeit des Unterrichts in der Geschichte in
Volksschulen, gemacht werden kann: „Alles was für Kinder ein
lehrreicher und interessanter Gegenstand des Unterrichts seyn
soll, muß aus der Kinderwelt hergenommen seyn." Das ist eine
sehr richtige pädagogische Bemerkung. Daraus folgt aber nur
so viel, daß Geschichte kein zweckmäßiger Gegenstand für den
ersten Unterricht sey. Wenn der junge Mensch durch mehrere,
seinem jedesmaligen Alter und Fassungsvermögen angemesse-
ne Vorkenntnisse, nach und nach dahin geleitet worden ist, daß
sich in seinem Gemüthe der Grundsatz: Homo sum et nihil
humani a me alienum puto,[104] zu bilden anfängt, und

---

104   Anm. D. h. Ich bin ein Mensch, und so muß alles, was den Menschen betrifft,
      auch mich angehen und intereßiren. [Wörtlich eigentlich: Ich bin ein

er sich selbst nun schon als Weltbürger betrachtet, dann kann auch für ihn die Beantwortung der Frage: was hat sich ehedem Merkwürdiges unter den Menschen zugetragen? Wie sah es in vorigen Zeiten um die Verstandesbildung, um die Aufklärung, Moralität, Religion und um den Wohlstand der Menschen aus? nicht mehr gleichgültig seyn. Wenn nun das Bedürfniß, hierüber einigen Aufschluß zu erhalten, bei dem jungen Menschen eintritt, – und es wird gewiß, wenn das vorhergehende Verfahren bei dem unterrichte zweckmäßig war, noch während seiner Schuljahre eintreten – dann hat er auch einen Sinn für die Geschichte, und die Erzählung von Karl und Fritz, die einen Apfel fanden, hat jetzt für ihn wenig oder gar kein Interesse mehr.

2) Allein, bei dem großen Umfange, zu welchem die Geschichte in einer so langen Reihe von Jahren herangewachsen ist, muß der Lehrer, der nicht in Hübners biblischem Historienbuche[105] die Quintessenz aller Geschichte zu finden meint, in einige Verlegenheit gerathen, was er denn nun aus dem so weiten Gebiete der Geschichte ausheben, und dem künftigen Handwerker und Künstler mittheilen soll. In mehrern gelehrten Schulen, deren Zweck die Vorbereitung künftiger Gelehrter ist, hilft man sich so: man richtet sein vorzügliches Augenmerk auf die älteste Geschichte, vorzüglich auf die griechische und römische. Die Kenntniß der neuern aber überläßt man dem Studium auf der Universität.

Gesetzt auch, diese Gewohnheit der gelehrten Schulen wäre nicht so fehlerhaft und tadelnswerth, als sie wirklich ist, so bleibt doch immer noch ein sehr großer Unterschied zwischen dem, was in gelehrten Schulen, und dem, was in Bürgerschulen gelehrt werden soll. Dem künftigen Gelehrten ist eine tiefere

---

Mensch und nichts Menschliches stellt sich mir als fremd vor. Es handelt sich dabei um eine noch heute sprichwörtliche Sentenz aus der Komödie Heautontimoroumenos ("Der Selbstquäler") des Terenz aus dem zweiten Jahrundert vor Christus.]

105 Siehe oben, **Q 11**.

und gründlichere Geschichtskenntniß nöthiger, als dem künftigen Handwerksmanne und Künstler. Allein, zum Zwecke dieser Untersuchung gehört es nicht, hier zu bestimmen, was den Namen eines zweckmäßigen Unterrichts in der Geschichte auf gelehrten Schulen verdient, sondern die Frage ist nur: wie viel dem künftigen Handwerker und Künstler von der Geschichte zu wissen nötig sey.

Ich glaube, daß der vorhin angegebene Zweck erreicht werden kann, wenn der künftige Bürger außer einer kurzen und fruchtbaren Religionsgeschichte, eine Uebersicht der allgemeinen Weltgeschichte, eine etwas vollständigere Kenntniß der Geschichte seines Vaterlandes hat, und überdieß noch mit den merkwürdigsten Begebenheiten der neuesten Staatengeschichte nicht ganz unbekannt ist. Dieser letzte Theil der Geschichte wird sich aber am füglichsten mit dem Unterricht in der Erdbeschreibung verbinden lassen. Allein, auch bei dieser Einschränkung ist die Frage: was soll denn aus dem weiten Gebiet der Geschichte, für den Unterricht des künftigen Bürgers, ausgehoben werden? immer noch nicht beantwortet. Ein bloßes Namensverzeichniß und Zahlenregister ist auch eine Uebersicht. Soll aber der Unterricht in der Geschichte ein wohlthätiges Mittel zur Bildung der Sittlichkeit und Religiosität des jungen Menschen werden, so muß sie mehr als eine dürre Regententafel und Heldenliste, mehr als ein bloßes Zahlenregister, und eine Specification geführter Kriege seyn. Wollte man, um den Fehler der Weitschweifigkeit zu vermeiden, sich bei dem Vortrag der Geschichte in Bürgerschulen, nur auf diese angeführten Stücke einschränken; so würde kein Vernünftiger im Stande seyn, den Einfluß zu errathen, der sich hieraus für Moralität und religiösen Sinn ergeben soll. Schon einleuchtender wird der Nutzen, der Unterricht der Geschichte haben kann, wenn man darunter eine Erzählung mehrerer merkwürdiger Veränderungen versteht, deren Wirkung entweder für jene Zeiten wichtig war, oder sogar jetzt noch fortdauert, und wenn man den Schüler mit ehedem lebenden Menschen bekannt macht, deren Beispiel in dieser oder jener Rücksicht für ihn lehrreich oder warnend seyn kann.

Aber dieß alles scheint immer nur noch einen entfernten Bezug auf jenen angegebnen Zweck zu haben, der durch den Unterricht in der Geschichte erreicht werden soll. Es bietet sich, wie ich glaube, eine andere Ansicht der Geschicht dar, wodurch jeder Zweck weit vollständiger erreicht weden kann. Die Idee dazu hat der Königsberger Weltweise hergegeben.[106] Er trug sie zuerst in einem in der Berliner Monatschrift befindlichen Aufsatz vor: Ideen zu einer allgemeinen Geschichte in weltbürgerlicher Absicht.[107] Diese Abhandlung ist aber auch in seinen zusammengedruckten kleinen Schriften, Neuwied 1793, befindlich. Kant sagt darin, daß die Umständlichkeit, mit der man jetzt die Geschichte unserer Zeit abfaßt, doch einen jeden natürlich auf die Bedenklichkeit bringen müsse: wie es unsere späten nachkommen anfangen werden, die Lust von Geschichten, die wir ihnen nach einigen Jahrhunderten hinterlassen möchten, zu fassen. Ohne Zweifel, fährt er fort, werden sie die der ältesten Zeit, von der ihnen die Urkunden längst erloschen seyn dürften, nur aus dem Gesichtspunkte dessen, was sie intereßirt, nemlich desjenigen, was Völker und Regierungen in weltbürgerlicher Absicht geleistet oder geschadet haben, schätzen. Seiner Idee zufolge, würde man bei dem Unterricht in der Geschichte allenthalben nur auf die bürgerliche Verfassung und deren gesetze, und auf das Staatsverhältniß Acht haben müssen, insofern beide durch das Gute, das sie enthielten, eine Zeitlang dazu dienten, Völker, und mit ihnen auch Künste und Wissenschaften empor zu heben und zu verherrlichen; durch das Fehlerhafte aber, das ihnen anhieng, sie wieder zu stürzen, so doch, daß immer ein Keim der Aufklärung übrig blieb, der

---

106 Gemeint ist Immanuel Kant (1724–1804).
107 In der heute üblicherweise zitierten Akademieausgabe Bd. 8, S. 15–32.

eine folgende noch höhrere Stufe der Verbesserung vorbereitete. Diese Idee scheint mir auch bei dem Vortrage der Geschichte in Bürgerschulen, den besten Leitfaden herzugeben, an welchen sich der Lehrer bei der Auswahl der Materien halten könnte. Er wird also nur nöthig haben, die vorzüglichsten historischen Fakta, nach der Zeitfolge[108] auszuheben, die es einleuchtend machen, welchen stufenweisen Gang das menschliche Geschlecht nach dem Plane der Vorsehung bei der Entwicklung seiner Anlage genommen hat.

Bei dem Unterricht in der v a t e r l ä n d i s c h e n Geschichte würde diese Idee dem Lehrer ebenfalls zum Leitfaden dienen müssen; nur daß er hier seine Schule mit dem stufenweisen Gange, den die Kultur und Aufklärung s e i n e s V a t e r l a n d e s genommen hat, bekannt macht. Hier würde auch vielleicht eine etwas umständlichere Erzählung der merkwürdigsten Vorfälle, eine etwas weitläuftigere Lebensgeschichte derjenigen Männer, die sich vorzüglich um die intellektuelle, moralische und politische Veredlung ihrer vaterländischen Zeitgenossen verdient machten, nicht zweckwidrig seyn. So glaube ich, wird Weltbürgersinn und Patriotismus zugleich durch die Geschichte in den Herzen der jungen Menschen erzeugt und belebt werden können.

Ein Lehrbuch der Geschichte für Bürgerschulen nach dieser Idee, ist allerdings ein noch unbefriedigtes Bedürfniß. Nach meiner Meinung ist Kürze eine der nothwendigsten Eigenschaften desselben. Denn es soll nur ein Leitfaden seyn, an welchen sich der Schüler bei der Wiederholung halten kann. Es müssen darin nur die wichtigsten historischen Fakta so angegeben seyn, daß dadurch in der Seele des Schülers der Wunsch

---

108 *Anm. Vielleicht wäre es aber nicht unzweckmäßig, wenn man den Unterricht in der allgemeinen Weltgeschichte in zwei Kursus abtheilte, und bei dem ersten sein vorzügliches Augenmerk nur darauf richtete, die Schüler mit den vornehmsten Begebenheiten nach der Zeitfolge bekannt zu machen; im zweiten aber mehr ihren Einfluß auf Kultur und Moralität aus einander setze?*

nach der mündlichen Erläuterung des Lehrers rege gemacht werden. Ganz kurze Winke über den Stufengang der Kultur, würden darin ebenfalls nicht fehlen dürfen. Mir scheint es in der That leichter zu seyn, nach dieser Idee Geschichte zu lehren, als ein durchaus zweckmäßiges Lehrbuch für die Schüler, darüber zu verfertigen. Ein Handbuch für den Lehrer, in welchem die, in dem Leitfaden nur kurz berührten Data vollständig aus einander gesetzt, und die Hülfsmittel, welcher er über einen oder den anderen Punkt nachzulesen hat, angegeben sind, würde ebenfalls ein nicht überflüßiges Werk seyn. Es versteht sich von selbst, daß jeder Lehrer dieses Handbuch als denkender Mann brauchen wird; das heißt so, daß er sich hier vielleicht kürzer fassen, dort vielleicht weitläuftiger auslassen wird, als sein Handbuch die Materialien dazu enthält. Ohne Zweifel würde sich derjenige philosophische Geschichtskenner und Erzieher, der uns mit diesen beiden Büchern ein Geschenk machte, um die Verbesserung des Jugendunterrichts im Geschichtsfache, ein nicht geringes verdienst erwerben.

3) Wie soll man Geschichte in Bürgerschulen vortragen? Diese Frage bezieht sich auf die Form des Vortrags. Man hat seit einiger Zeit angefangen einzusehen, und sieht es immer mehr ein, daß die katechetische Methode bei dem unterricht die bequemste sey. Der Schüler wird dabei nicht nur mehr in Thätigkeit gesetzt, sondern seine Kenntniß wird auch wirklich deutlicher und überzeugender, als sie da werden kann, wo der Lehrer erst ein Stück von der abzuhandelnden Wissenschaft vordocirt, und nun einige Fragen darüber thut, um zu erfahren, ob der Schüler das Vorgetragene gefaßt und behalten hat. Aber läßt sich diese katechetische Methode auch bei der Geschichte anwenden? Historische Fakta können nicht, bevor sie nicht dem Schüler gegeben worden sind, h e r a u s katechisirt werden. Dieser Satz hat im allgemeinen seine völlige Richtigkeit. Allein, dessen ungeachtet glaube ich doch, daß auch der Lehrer in den Geschichtsstunden, ohne unaufhörlich fortzudociren, oder blos

das Vorgetragene wieder abzufragen, katechisiren könne. Wenn
er z. B. den Schülern gesagt hat, daß Carl der Große ein Fürst
war, der sich um seine Länder sehr verdient machte, so wird
er bei den zum Denken und zur Aufmerksamkeit gewöhnten
Schülern, nur wenige Fragen nöthig haben, um sie darauf zu
leiten, daß sich ein Fürst dann um seine Unterthanen verdient
macht, wenn er Ruhe, Sicherheit und Ordnung in seinen Ländern zu erhalten oder wieder herzustellen sucht; wenn er sich
bemüht, den Wohlstand und die Aufklärung seiner Unterthanen zu befördern. Nun kann er entweder im erzählenden Tone
fortfahren, seine Schüler mit den Anstalten bekannt zu machen,
die in dieser Rücksicht von Carl dem Großen getroffen wurden,
oder er kann sie, durch einige Frage an die aus den vorhergehenden Stunden bekannten Zeitumstände erinnern, wodurch z. B.
damals die öffentliche Ruhe und Sicherheit gefährdet ward, wie
es um den Unterricht in Kirchen und Schulen aussah etc. und
die Schüler nun schließen lassen: was also Carl der Große wol
namentlich gethan haben werde, um jene Zwecke zu erreichen.
Die weitere Auseinandersetzung eines oder des andern Punkts,
bleibt freilich Sache des erzählenden Vortrags.

Ich glaube also, daß in den Geschichtsstunden die Erzäh-
lungs- und Katechisationsmethode mit einander vereinigt
werden können, und bemerke nur noch, daß der Lehrer, der
mit Nutzen Geschichte lehren will, sich eine Fertigkeit in der
Kunst, recht unterhaltend, faßlich und mit Anstand, das ist,
natürlich zu erzählen, erwerben müsse. Um nun auch wieder
seine Schüler im guten Erzählen zu üben, – eine Fertigkeit, die
für das bürgerliche Leben von großer Wichtigkeit ist – läßt er
sich in der nächsten Stunde den Inhalt der vorigen Lektionen
von Einem kurz zusammen gefaßt, wieder erzählen; diese Erzählung von Andern beurtheilen und verbesern. Auch scheint
es nicht zweckwidrig zu seyn, wenn den Schülern Anleitung
gegeben wird, entweder über einen ganzen Abschnitt in der Geschichte, oder über eine oder die andere wichtige Begebenheit,

oder über die Verdienste eines merkwürdigen Mannes, dessen Lebensgeschichte ihm erzählt worden ist, einen Aufsatz zu verfertigen.

Ich sollte wenigstens meynen, daß durch einen solchen Unterricht in der Geschichte, der in Rücksicht auf Materie und Form mit den hier vorgetragenen Grundsätzen übereinstimmt, die Absicht am besten erreicht werden könne, die man bei dem Vortrage der Geschichte in Bürgerschulen haben kann, nämlich: die Ueberzeugung von einer moralischen Weltregierung, und den Glauben, daß es von Zeit zu Zeit mit dem Menschengeschlechter besser geworden ist, besser werden kann, besser werden soll, und auch wirklich besser w e r d e n w i r d, in dem Gemüthe des jungen Menschen fest zu begründen, und ihn lebhaft und eindringend an die Pflicht zu erinnern, daß e r s e l b s t von Zeit zu Zeit aufgeklärter und sittlicher werden, aber auch dazu beitragen könne und solle, daß Andre zu einer höheren Aufklärung und einem höhern Grade der Güte und Glückseligkeit gelangen. Das darf ich wol nicht erinnern, daß der denkende Lehrer besonders jeden Wink, den ihm die Geschichte darbietet, benutzen wird, um seine Schüler darauf aufmerksam zu machen, wie der künftige Handwerker und Künstler zu jenem wichtigen Zwecke der Verbesserung, seinen Antheil beitragen könne.

Ich habe bei Mittheilung dieser Gedanken, die allerdings einem großen Theile von den Lesern des Schulfreundes nicht neu seyn werden, keine andere Absicht, als denkende und erfahrne Jugendfreunde zur Prüfung, Bestätigung oder Berichtigung derselben zu veranlasssen. Jede gegründete Bemerkung wird mit nicht nur sehr schätzbar seyn; sondern ich werde sie auch gewiß in der Anwendung benutzen.

Dolz, Einige Gedanken über den Unterricht in der Geschichte in Bürgerschulen (1796), S. 24–38.

Q 30: Johann Gottfried Herder über das Fortschreiten einer Schule mit der Zeit (1798)

Über Johann Gottfried Herder (1744–1808) als einen der größten pro-
testantischen Theologen des ausgehenden 18. Jahrhunderts brauchen
nicht viele Worte verloren zu werden. Auch seine historischen Interes-
sen, vor allem seine „Ideen zur Philosophie der Geschichte der Mensch-
heit" (1784–1791) sind bereits vielfach erforscht.[109] *Der hier folgende*
Auszug aus einer seiner vielen Schulreden bezieht sich daher ganz
besonders auf die Schule und den Geschichtsunterricht. Er enthält zu-
gleich eine Diagnostik der Veränderungen, denen beide in den Jahren
um 1800 unterworfen waren.

Wir leben in der Zeit; folglich müßen wir auch mit ihr und
für sie leben und leben lernen. Da sich die Zeit stets verändert
und aus ihrem Schoos immer Neues, Gutes und Böses, ans Licht
bringt, dessen Zufällen wir unterworfen sind, an denen wir
wider Willen mit Beifall oder Abneigung, mit Leid oder Freude, theilnehmen müßen; so folgt nothwendig daraus, daß wir
uns um das, was die Zeit hervorbringt, bekümmern, das Gut
das sie uns darbeut, nützen, dem Bösen das sie uns droht, zu-
vorkommen, das Uebel womit sie uns belästigt, mindern und
zwar durch eben die Kraft mindern müßen, die allezeit neben
diesem Bösen zu seiner Ueberwindung wohnete. Denn Einmal
ist das die gute Einrichtung unserer Erdenwelt, daß sie zwei
Pole hat und nur duch beide bestehen kann, daß jedem Gift ein
Gegengift von den Händen der Mutter-Natur selbst zugeord-
net ist, daß jedes Streben, sobald es über seine Schranken tritt,
eine gegenseitige Bestrebung erweckt, die es einhält und zum
Besten des Ganzen ordnet. Wir müßen also der Zeit diesen, damit wir sie nicht verlieren oder von ihr unterdrückt werden;
vielmehr sie auf eine geschickte Art täuschen und über sie

---

109 Vgl. nur Muhlack, Herder (2007) mit weiteren Angaben.

herrschen lernen. Zu beidem ist uns die Vermahnung gegeben, der Zeit zu dienen, doch also daß nicht sie uns, sondern daß wir ihr gebieten. [...]

2. Die Welt verändert sich. Nicht nur das südliche Europa, Frankreich, Italien, die Niederlande, Holland, die Schweiz haben eine andre, grossentheils vor der Hand traurige Gestalt angenommen, der wir wünschen, daß sie sich in eine freudige Gestalt verwandeln möge; sondern die Metamorphose schreitet fort, über einen Theil von Deutschland und wer weiß, wohin weiter? Schon vorher nahm Nord-Amerika eine andre Gestalt an; ein anderer Theil von Inden, östlich oder westlich, wird sie wahrscheinlich auch annehmen. Die Weltkarten verändern sich in Grenzen, Staatsverfassungen, Religionen, in politischen Gerundsätzen, Sitten und Gebräuchen; sie werden neu illuminirt. – Offenbar muß der Schulunterricht nicht nur hievon Kunde nehmen, sondern auch [auf] die Ursachen dieser Weltveränderung eingehen; Geschichte und Geographie bekommen eine andre Gestalt: denn die Grundsätze, auf die man das Studium der Geschichte und Geographie sonst bauete, haben sich verändert. [...] In der Geschichte z.B. liegen uns die Namen der Könige und ihrer geführten Staats- und Familienkriege nicht mehr mit dem Intereße an, wie ehemals, da man blos rohe Kriegsthaten oder hinterlistige Staatsoperationen bewunderte und eine langweilige falsche Bewunderung derselben den Jünglichen aufzwang. Der Schleier ist weggefallen oder vielmehr mit gewaltsamer Hand weggerissen; die Augen sind uns geöffnet, um in der Geschichte und Geographie etwas nützlicheres zu lernen. Den Bau der Erde, ihre Reichthümer der Natur und Kunst, wer zu diesen etwas Großes und Gutes durch Erfindungen, durch nützliche Bestrebungen und Einrichtungen beigetragen, wer die Erde und das auf ihr waltende Menschengeschlecht verschönert oder entstellt habe, die Engel oder Dämonen der Menschen sollen wir in der Geschichte mit reifem Urtheil

lernen.[110] Mit reifem Urtheil: denn wozu läsen wir sonst die Geschichte? wozu läse sie die Jugend? Um einen flaschen Glanz anzustaunen? um Missethaten, die – wer es auch sei – Griechen, Römer, Deutsche, Franken, Calmuken, Hunen und Tatern als Menschenwürger und Weltverwüster begangen, Gedankenlos und mit knechtischer Ehrfurcht chronologisch herzuerzählen? Die Zeiten sind vorüber. Urtheil, menschliches Urtheil soll durch die Geschichte gebildet und geschärft werden: sonst bleibt sie ein verworrenes oder wird ein schädliches Buch. Auch Griechen und Römer sollen wir mit diesem Urtheil lesen. Alexander der Welteroberer, der Trunkenbold, der Grausame, der Eitle, und Alexander, der Beschützer der Künste, der Förderer der Wißenschaften, der Erbauer der Städte, der Ländervereiniger sind in derselben Person nicht Eine Person, nicht zwei Personen von Einem Werth. So mehrere vielköpfige oder vielgesichtige Ungeheuer in der Geschichte, Augustus, Carl, Ludwig u. a. Die Geschichte ist ein Spiegel der Menschen und Menschenalter; ein Licht der Zeiten, eine Fackel der Wahrheit. Eben in ihr und durch sie müssen wir bewundern lernen, was zu bewundern, lieben lernen was zu lieben ist; aber auch hassen, verachten, verabscheuen lernen, was abscheulich, häßlich, verächtlich ist; sonst werden wir veruntreuende Mörder der Menschengeschichte. – Die Grundsätze der Völkerregierungen, der Sittenveränderungen, der Religionen, Wissenschaften, Handlungsweisen, Künste, die in der Geschichte erscheinen, sollen zu unserm Geist und Herzen sprechen und unsern Verstand schärften. Allein auf diesem Wege ist auch das Lesen der Alten ersprießlich, vom Phädrus und Nepos an, bis zum Terenz, Virgil und Horaz, Cicero, Sveton und Tacitus. Gute und böse

---

110 Diese Idee – mit eng verwandten Formulierungen, wie etwa dem Sprachbild von den Engeln und Dämonen der Menschen – finden sich auch in Herders „Ideen zur Philosophie der Geschichte der Menschheit"; vgl. etwa die Ausgabe in Herder, Erziehung und Humanität (1961), S. 110ff.

Thaten sprechen in ihnen, falsche Grundsätze und gerechte, häßliche Larven und Gesichtergeschichte. Unsre Zeit ruft sie in neuern Beispielen auf, stellt schreckliche und tröstende Ähnlichkeiten auf; durch Unternehmungen, Reisen, durch Thaten und Unthaten belebt sie die gesamte Geographie und Geschichte. Wir wollen ihre Erweckungsworte hören; auch in unsern Schulen l e b e Geographie und Geschichte; Geschichte in dieser raisonnirenden d. i. vernünftigen Darstellung; das Lesen der Alten nach den Grundsätzen der Alten, verglichen mit den Grundsätzen unserer Zeit. [...]

aus: Herder, J G. v. Herders saemtliche Werke: Zur Philosophie und Geschichte, Bd. 12 (1820), S. 200–212.

Literaturnachweise

Adam, Gottfried; Lachmann, Rainer (Hrsg.): Kinder- und Schulbibeln. Probleme ihrer Erforschung, Göttingen 1999.

Aventius, Johannes: Johannes Turmair's genannt Aventinus sämmtliche Werke, 6 Bde., München 1881–1908.

Basedow, Johann Bernhard: Das Methodenbuch für Väter und Mütter der Familien und Völker, Altona 1770, S. 114.

Becker, Wilhelm Gottlieb: Ephemeriden der Menschheit, Leipzig 1781.

Behnke, Peter; Roloff, Hans-Gert (Hrsg.): Christian Weise. Dichter – Gelehrter – Pädagoge. Beiträge zum ersten Christian-Weise-Symposium aus Anlass des 350. Geburtstages (Jahrbuch für internationale Germanistik A 37), Bern u. a. 1994.

Berger, Samuel: Melanchthon's [!] Vorlesungen über Weltgeschichte, in: Theologische Studien und Kritiken 70 (1897), S. 781–79.

Bergmann, Klaus; Schneider, Gerhard: Das Interesse der Geschichtsdidaktik an der Geschichte der Geschichtsdidaktik, in: Informationen zur erziehungs- und bildungshistorischen Forschung 8 (1977), S. 67–93.

Bertram, Philipp Ernst: Des Herrn Abts Lenglet du Fresnoy Anweisung zur Erlernung der Historie. Nebst einem anietzo vermehrten vollständigen Verzeichniß der vornehmsten Geschichtschreiber ..., aus dem Französischen übersetzt von P. E. B., Erster Theil, Gotha 1752.

Beyer, Michael: Der Katechismus als Schulbuch – das Schulbuch als Katechismus, in: Heinz-Werner Wollersheim u. a. (Hrsg.): Die Rolle von Schulbüchern für Identifikationsprozesse in historischer Perspektive, Leipzig 2002, S. 96–106.

Blanke, Horst Walter; Fleischer, Dirk (Hrsg.): Theoretiker der deutschen Aufklärungshistorie, 2 Bde., Stuttgart u. a. 1990.

– : Historiographiegeschichte als Historik, Stuttgart u. a. 1991 (Fundamenta Historica 3).

– : Rüsen, Jörn (Hrsg.): Von der Aufklärung zum Historismus. Zum Strukturwandel des historischen Denkens, Paderborn u. a. 1984 (Historisch-Politische Diskurse 1).

Bloth, Hugo: Zwei Gesamtschulen an der Schwelle der industriellen Gesellschaft. Zum Lebenswerk der Brüder Johann Julius Hecker (1707–1768) in Berlin und Andreas Petrus Hecker (1709–1770) in Stargard/Pommern, in: Pädagogische Rundschau 24 (1970), S. 677–692.

Bossuet, Jacques Bénigne: Discours sur l'histoire universelle, Paris 1681.

Brader, David: Die Entwicklung des Geschichtsunterrichts an den Jesuitenschulen Deutschlands und Österreichs 1540–1774, in: Historisches Jahrbuch 31 (1910), S. 728–759.

Budde, Johann Franz: Historia ecclesiastica veteris testamenti ab orbe condito usque ad Christum natum, variis observationibus illustrata, 2 Bde., Walle 1715–1719.

Cellarius, Christoph: Historia nova, Altenburg 1696.

– : Historia universalis antiqua, media, nova, Jena 1720.

– : Historia antiqua, 3 Bde., Jena 1730.

Curas, Hilmar: Einleitung zur Universal-Historie, worinnen die merkwürdigsten Begebenheiten von Anfang der Welt bis auf diese Zeit in Fragen und Antworten kurtz vorgetragen werden, nebst einem Anhang von der Türkischen Historie, wie auch einer vollstaendigen Genealogie der Churfuersten zu Brandenburg, und von denselben herstammenden Koenigen in Preussen, denen Anfaengern zum besten Druck gegeben und mit einem Register versehen, Berlin 1723.

Dahlmann, Peter: Schauplatz der Masquirten und Demasquirten Gelehrten bey ihren verdeckten und nunmehro entdeckten Schriften ..., Leipzig 1710.

Dickerhof, Harald: Universitätsreform und Wissenschaftsauffassung. Der Plan einer Geschichtsprofessur in Ingolstadt 1624, in: Historisches Jahrbuch 88 (1968), S. 325–368.

Diere, Horst: Gestaltung und Einsatz des Schulbuches für den Geschichtsunterricht in Vergangenheit und Gegenwart, Halle 1986.

Döring, Detlef: Inhalt und Funktion des Geschichtsunterrichts bei Christian Weise, in: Roswitha. Jacobsen (Hrsg.): Weissenfels als Ort literarischer und künstlerischer Kultur im Barockzeitalter, Amsterdam 1994 (Chloe 11), S. 261–293.

Dolch, Joseph: Lehrplan des Abendlandes. Zweieinhalb Jahrtausende seiner Geschichte, Ratingen 1959 (ND Darmstadt 1982).

Dolz, Johann Christian: Einige Gedanken über den Unterricht in der Geschichte in Bürgerschulen, in: Der Schulfreund 13 (1796), S. 24–38.

Dünnhaupt, Gerhard: Personalbibliographien zu den Drucken des Barock, Bd. 6, Stuttgart 1993.

Ehrenpreis, Stefan: Sozialdisziplinierung durch Schulzucht? Bildungsnachfrage, konkurrierende Bildungssysteme und der „deutsche Schulstaat" des siebzehnten Jahrhunderts, in: Heinz Schilling (Hrsg.): Institutionen, Instrumente und Akteure sozialer Kontrolle und Disziplinierung im frühneuzeitlichen Europa, Frankfurt a. M. 1999 (Ius Commune. Sonderhefte 127), S. 167–185.

Elzer, Hans-Michael (Hrsg.): Zwei Schriften zur Kurmainzer Schulreform von 1770-1784, Frankfurt a. M. u. a. 1967 (Frankfurter Beiträge zur historischen Pädagogik).

Engel, Josef: Die deutschen Universitäten und die Geschichtswissenschaft, in: Historische Zeitschrift 189 (1959), S. 223–378.

Epple, Angelika: Empfindsame Geschichtsschreibung. Eine Geschlechtergeschichte der Historiographie zwischen Aufklärung und Historismus, Köln u. a. 2003 (Beiträge zur Geschichtskultur 26).

Eßich, Johann Georg: Kurtze Einleitung zu der allgemeinen weltlichen Historie ..., o. O. 1707.

Fabricius, Albert: Bibliotheca Latina ..., Hamburg 1697.

– : Bibliotheca Graeca ..., Hamburg 1705.

Feddersen, Jakob Friedrich: Beyspiele der Weisheit und Tugend aus der Geschichte. Mit Erinnerungen für Kinder, Halle 1777.

Fertig, Ludwig: Die Hofmeister. Ein Beitrag zur Geschichte des Lehrerstandes und der bürgerlichen Intelligenz, Stuttgart 1979.

Filser, Karl: Geschichtsunterricht im Dienst von Staat und Kirche (19. Jahrhundert), in: ders. (Hrsg.): Theorie und Praxis des Geschichtsunterrichts, Bad Heilbrunn 1974, S. 198–216.

Francke, August Hermann: Pädagogische Schriften, hrsg. von Hermann Lorenzen, Paderborn 1957 (Schöninghs Sammlung pädagogischer Schriften. Quellen zur Geschichte der Pädagogik).

Freher, Marquard: Germanicarum rerum scriptores aliquot insignes, 3 Bde., o. O. 1610/11.

– : Corpus francicae historiae veteris, Hanau 1613.

Freyer, Hieronymus: Nähere Einleitung zur Universal-Historie, Halle 1728.

Gärtner, Theodor (Hrsg.): Quellenbuch zur Geschichte des Gymnaisums in Zittau, Leipzig 1905 (Urkundenbücher der sächsischen Gymnasien 1).

Garin, Eugenio (Hrsg.): Geschichte und Dokumente der abendländischen Pädagogik, 3 Bde., Reinbek 1964–1967.

Genovesi, Antonio: Universae Christianae theologiae elementa dogmatica, historica, critica, Venedig 1771.

Georgisch, Peter: Versuch einer Einleitung zur Römisch-Teutschen Historie und Geographie in Chronologischer Ordnung nebst zugehörigen Land-Charten der alten und mitlern Zeiten, Halle 1732.

Gordon, Bruce (Hrsg.): Protestant History and Identity in Sixteenth-Century Europe, 2 Bde., Aldershot 1996.

Gottfried, Johann Ludwig: Historische Chronik oder Beschreibung der merkwürdigsten Geschichten von Anfang der Welt bis auf heutigen Tag ..., 8 Bde., Frankfurt a. M. 1630–1634.

Haiminsfeld, Melchior Goldast: Alamannicarum rerum scriptores aliquot vetusti, Frankfurt a. M. 1605

Harenberg, Johann Christoph: Historia ecclesiae Ganderhemensis cathedralis ac collegiatae diplomatica, Halle 1734.

– : Progmatische Geschichte des Ordens der Jesuiten, 2 Bde., Helmstedt 1760

Hartfelder, Karl: Philipp Melanchthon als Praeceptor germaniae, Berlin 1889.

Heineccius, Johann Gottlieb: Antiquitatum Romanarum Iurisprudentiam Illustrantium Syntagma Secundum Ordinem Institutionum Iustiniani Digestum ..., Straßburg 1755.

Heiss, Gernot: Erziehung und Bildung politischer Eliten in der frühen Neuzeit – Probleme und Interpretationen, in: Elmar Lechner u. a. (Hrsg.): Zur Geschichte des österreichischen Bildungswesen. Probleme und Perspektiven der Forschung, Wien 1992, S. 459–470.

Helwig, Christoph: Theatrum historicum et chronologicum, Gießen 1629.

Herrlitz, Hans-Georg: Auf dem Weg zur historischen Bildungsforschung. Studien über Schule und Erziehungswissenschaft aus siebenunddreißig Jahren, Weinheim u. a. 2001 (Veröffentlichungen der Max-Traeger-Stiftung 36).

Herder, Johann Gottfried von: J. G. von Herders saemtliche Werke: Zur Philosophie und Geschichte, Bd. 12, Karlsruhe 1820, S. 200–212.

– : Humanität und Erziehung, hrsg. von Clemens Menze, Paderborn ²1968 (Schöninghs Sammlung pädagogischer Schriften. Quellen zur Geschichte der Pädagogik).

Hesse, Peter (Hrsg.): Poet und Praeceptor: Christian Weise (1642–1708) zum 300. Todestag, Dresden 2009.

Heuer, Andreas: Die Geburt des modernen Geschichtsdenkens in Europa, Berlin 2012 (Wissenschaftliche Abhandlungen und Reden zur Philosophie, Politik und Geistesgeschichte 68).

Heumann, Christoph August: Conspectus reipublicae literariae sive via ad historiam literariam iuventi studiosae aperta, Hannover 1718/1791.

Hösch, Edgar: Der Geschichtsunterricht an den Höheren Schulen Deutschlands bis zur Einführung eines selbständigen Unterrichtsfachs Geschichte, in: Internationales Jahrbuch für Geschichtsunterricht 8 (1961/62), S. 16–56.

Hoffmeister, Christian Weisens Kluger: Das ist kurtze und eigentliche Nachricht / wie ein sorgfältiger Hoffmeister seine Untergebenen in den Historien unterrichten / und sie noch bey junger Zeit also anführen soll / damit sie hernach ohne Verhinderniß die Historien selbst lesen und nützlich anwenden können, bisshero zu unterschiedenen mahlen herausgegeben / vorietzo aber auffs neue übersehen / an vielen Orten verbessert / und biß auff das 1688ste Jahr fortgesetzet, Leipzig u. a. 1695.

Home, Henry: Untersuchung über die moralischen Gesetze der Gesellschaft, Leipzig 1778.

Horn, Hans Arno: Christian Weise als Erneuerer des deutschen Gymnasiums im Zeitalter des Barock. Der „Politicus" als Bildungsideal, Weinheim 1966.

Hübner, Johann: Hübnerus enucleatus & illustratus. Zweymal zwey und funfzig Lectiones aus der Politischen Historie, Worinnen Der Kern der Hübnerischen Historischen Fragen enthalten, und nach der bekannten und belobten Hübnerischen Lehr-Art durch kurtze und deutliche Fragen also vorgetragen ist, daß ein paar fleißige Schüler einander sich selbst in dieser Wissenschaft feste setzen können. Nebst vielen Theologischen, Historischen, Geographischen, Philologischen, curiösen und nützlichen Anmerckungen herausgegeben von M Friedrich Gottfried Elteste. Vermehrte und verbesserte Auflage, Leipzig 1735.

Hülshoff, Theo; Reble, Albert (Hrsg.): Zur Geschichte der Höheren Schule Bd. 1, Bad Heilbrunn 1967 (Klinkhardts pädagogische Quellentexte).

Imhof, Andreas Lazarus: Neu-eröffneter historischer Bilder-Saal ..., 11 Bde., Nürnberg 1703-1752.

Israel, August (Hrsg.): Sammlung selten gewordener pädagogischer Schriften des 16. und 17. Jahrhunderts. Zschopau 1880 (Nachdr. Leipzig 1973).

Jacobmeyer, Wolfgang: Von „öden Verzeichnissen" zu „erhabenen Beyspielen". Beobachtungen an deutschen Unterrichtsmaterialien aus der zweiten Hälfte des 18. Jahrhunderts, in: Internationale Schulbuchforschung 9 (1987) 233-249.

– : Das Schulgeschichtsbuch – Gedächtnis der Gesellschaft oder Autobiographie der Nation?, in: Geschichte, Politik und ihre Didaktik 26 (1988), S. 26-35.

– : Die Gense des „modernen" Lehrbuchs für das Fach Geschichte im 18. Jahrhundert, in: Saskia Handro, Bernd Schönemann (Hrsg.): Geschichtsdidaktische Schulbuchforschung, Münster 2006 (Zeitgeschichte – Zeitverständnis 16), S. 249-264.

– : Das deutsche Schulgeschichtsbuch 1700-1945. Die erste Epoche seiner Gattungsgeschichte im Spiegel der Vorworte, 3 Bde., Münster 2011 (Geschichtskultur und historisches Lernen 8).

Jordan, Stefan: Zwischen Aufklärung und Historismus. Deutschsprachige Geschichtstheorie in der ersten Hälfte des 19. Jahrhunderts, in: Sitzungsberichte der Leibniz-Sozietät 48, 5 (2001), S. 1-20.

Kampschulte, Franz Wilhelm: Sleidanus als Geschichtsschreiber der Reformation, in: Forschungen zur deutschen Geschichte 4 (1864). S. 59-69.

Keck, Rudolf: Konfessionalisierung und Bildung aus erziehungswissenschaftlicher Sicht, in: Hans-Ulrich Musolff, Anja-Silvia Göing (Hrsg.): Anfänge und Grundlegung moderner Pädagogik im 16. und 17. Jahrhundert, Köln u. a. 2003 (Beiträge zur Historischen Bildungsforschung 29), S. 11-30.

– : (Hrsg.): Geschichte und Gegenwart des Lehrplans. Josef Dolchs „Lehrplan des Abendlandes" als aktuelle Herausforderung, Baltmannsweiler 2000.

Kelley, Donald R.: Johann Sleidan and the Origins of History as a Profession, in: Journal of Modern History 52 (1980), S. 573–598.

Kess, Alexandra: Johann Sleidan and the Protestant Vision of History, Aldershot 2008 (St. Andrews Studies in Reformation History).

Klemm, Max: Michael Neander und seine Stellung im Unterrichtswesen des 16. Jahrhunderts, Großenhain 1884.

Knape, Joachim: Melanchthon und die Historien, in: Archiv für Kulturgeschichte 91 (2000), S. 111–126.

Koch, Lutz: Comenius und das moderne Methodendenken, in: Hans-Ulrich Musolff, Anja-Silvia Göing (Hrsg.): Anfänge und Grundlegung moderner Pädagogik im 16. und 17. Jahrhundert, Köln u. a. 2003 (Beiträge zur Historischen Bildungsforschung 29), S. 121–135.

Kohlfeldt, Gustav.: Der akademische Geschichtsunterricht im Reformationszeitalter. Mit besonderer Rücksicht auf David Chytraeus in Rostock, in: Mitteilungen der Gesellschaft für deutsche Erziehungs- und Schulgeschichte 12 (1902), S. 201–228.

Koldewey, Friedrich (Hrsg.): Braunschweigische Schulordnungen von den ältesten Zeiten bis zum Jahre 1828, Bd. 1, Berlin 1886 (Monumenta Germaniae paedagogica 1).

Komenský, Jan Amos: Pampaedia, hrsg. und übers. von Dmitrij Tschizewskij, Heidelberg 1954.

Kortholt, Christian: Historia ecclesiastica novi testamenti kai epizomen a Christo nato usque ad seculum decimum septimum ..., Leipzig u. a. 1697.

Krantz, Albert: Wandalia, Köln 1519.

– : Saxonia, Köln 1520.

Kümper, Hiram: „Wer die Historien mit Nutz gebrauchen will, der muß sein Gedächtnüß mit vielen Nahmen und Zahlen überhäuffen." Zur Phänomenologie der Lehrmittel in der Prähistorie des Schulbuches, in: Marc Depaepe, Angelo Van Gorp (Hrsg.): Auf der Suche nach der wahren Art von Textbüchern, Bad Heilbrunn 2009 (Beiträge zur historischen und systematischen Schulbuchforschung, Bd. 7), S. 193–214.

– : The Bible as Universal History. Biblical Narratives in History Teaching from Humanism through the Enlightenment, in: Lucie Doležalová (Hrsg.): Retelling the Bible. Literary, Historical, and Social Contexts, New York u. a. 2011, S. 237–254.

– : Der ferne Osten im pädagogischen Blick der Aufklärung. China in deutschen Geschichtslehrwerken, ca. 1680–1830, in: Pauline Pujo, Nicholas Miller (Hrsg.): Ausblicke aus Europa für junge Europäer der Aufklärungszeit, Hannover 2012 (Aufklärung und Moderne, Bd. 27), S. 89–117.

Kurth, Karl (Hrsg.): Die ältesten Schriften für und wider die Zeitung. Die Urteile des Christophorus Besoldus (1629), Ahasver Fritsch (1676), Christian Weise (1676) und Tobias Peucer (1690) über den Gebrauch und Mißbrauch der Nachrichten, Brünn u. a. 1944 (Quellenhefte zur Zeitungswissenschaft 1).

Kyburz, Abraham: Historien- Kinder- Bet- und Bilder-Bibel ..., Augsburg 1736.

Lachmann, Rainer; Schröder, Bernd (Hrsg.): Geschichte des evangelischen Religionsunterrichts in Deutschland. Ein Studienbuch, Neukirchen-Vluyn 2007.

Lange, Joachim: Historia ecclesiastica a mundo condito usque ad seculum a Christo nato praesens seu XVIII deducta et necessariiis imperiorum ac rei litterariae synchronismis instructa, Halle 1722.

Lenglet du Fresnoy, Nicolas: Méthode pour étudier l'histoire ..., Bruxelles 1714.

– : Des Herrn Abts Lenglet du Fresnoy Anweisung zur Erlernung der Historie. Nebst einem anietzo vermehrten vollständigen Verzeichniß der vornehmsten Geschichtsschreiber ..., Gotha 1752.

Leppin, Volker: Humanistische Gelehrsamkeit und Zukunftsansage: Philipp Melanchthon und das Chronicon Carionis, in: Walther Ludwig, Klaus Bergdoldt (Hrsg.): Zukunftsvoraussagen in der Renaissance (Wolfenbütteler Abhandlungen zur Renaissanceforschung 23), Wiesbaden 2005, S. 131–142.

Leschinsky, Achim; Roeder, Peter Martin: Schule im historischen Prozeß. Zum Wechselverhältnis von instutioneller Erziehung und gesellschaftlicher Entwicklung, Stuttgart 1976.

Lorenz, Johann Friedrich: Anleitung zur Universalgeschichte, zum Gebrauch der Schulen, Halle 1775.

Ludwig, Gottfried: Ordentliches Examen über die Universal-Historie, vom Anfang der Welt biß auff ietzige Zeit, sonderlich vor die in Gymnasiis und schulen studierende Jugend, daß sie solcher Gestalt die Haupt-Sachen der Kirchen Politischen und Gelehrte Historie in richtiger Ordnung und Chronologie leicht mercken, dann ihre Lectiones Historicas glücklich repetiren könne, Leipzig 1704.

Lund, Johannes: Die alten jüdischen Heiligthümer, Gottesdienste und Gewohnheiten für Augen gestellet In einer ausführlichen Beschreibung ..., Hamburg 1722.

Luther, Martin: Vorrede zu Historia Galeatii Capellae (1538), in: D. Martin Luthers Werke. Kritische Gesamtausgabe [Weimarer Ausgabe], Bd. 50, Weimar 1914, S. 383–385.

– : An die Ratsherren aller Städte deutschen Landes, daß sie christliche Schulen aufrichten und halten sollen (1524), in: D. Martin Luthers Werke. Kritische Gesamtausgabe [Weimarer Ausgabe], Bd. 15: Schriften und Predigten des Jahres 1524, Weimar 1899, S. 45–52.

– : Pädagogische Schriften, hrsg. von Hermann Lorenzen, Paderborn 1957 (Schöninghs Sammlung pädagogischer Schriften. Quellen zur Geschichte der Pädagogik).

Maasen, Nikolaus (Hrsg.): Quellen zur Geschichte der Mittel- und Realschulpädagogik, Bd. 1, Hannover 1959.

Mahlmann-Bauer, Barbara: Die „Chronica Carionis" von 1532, Melanchthons und Peucers Bearbeitung und ihre Wirkungsgeschichte, in: Himmelszeichen und Erdenwege. Johannes

Carion (1499–1537) und Sebastian Hornmold (1500–1581) in ihrer Zeit, Ubstadt-Weiher 1999, S. 203–246.

Mannzmann, Anneliese: Geschichtsunterricht und politische Bildung unter gesellschaftsgeschichtlicher Perspektive, in: dies (Hrsg.): Geschichte der Unterrichtsfächer, Bd. 2, München 1983, 19–73.

Mascamp, Heinrich: Institutiones historicae, quibus explicantur res omnis devi, observata ubique peraequabilia temporum intervalla triplici partitione, in historiam civilem, Amsterdam 1711.

Mayer, Ulrich: Die Anfänge historisch-politischer Bildung in Deutschland im evangelischen Schulwesen des 16. bis 18. Jahrhunderts, in: Geschichte in Wissenschaft und Unterricht 19 (1979), S. 393–419.

Melanchton, Philipp: Newe vollkommene Chronica Philippi Melanchthonis ..., Anfenglichs unter Namen Johan Carionis auffs kürtzest verfasst, nachmals durch Herrn Philippum Melanthonem und D. Casparum Peucerum auffs neuwe ubersehen, gemehrt und jetzt auß dem Lateinischen verdeutscht durch M. Eusebium Menium, Frankfurt a. M. 1566.

Mencken, Johann Burchard: Compendiöses Gelehrten-Lexicon ..., Leipzig 1715.

Mertz, Georg: Das Schulwesen der deutschen Reformation im 16. Jahrhundert, Heidelberg 1902.

Möser, Justus: Osnabrückische Geschichte ..., Erster Theil, 2. verm. Aufl., Berlin u. a. 1780.

– : Ausgewählte pädagogische Schriften, hrsg. von Heinrich Kanz, Paderborn 1965 (Schöninghs Sammlung pädagogischer Schriften. Quellen zur Geschichte der Pädagogik).

Morhof, Daniel Georg: Polyhistor literarius, philosophicus et practicus ..., 3. überarb. Ausg., veranstaltet von Johann Albert Fabricius, 3 Bde., Lübeck 1732.

Müller, Gerhard: Philipp Melanchthon zwischen Pädagogik und Theologie, in: Wolfgang Reinhard (Hrsg.): Humanismus und Bildungswesen des 15. und 16. Jahrhunderts, Weinheim 1984 (Mitteilungen der Kommission für Humanismusforschung 12), S. 95–120.

Müller, Jörg Jochen: Fürstenerziehung im 17. Jahrhundert. Am Beispiel Herzog Anton Ulrichs von Braunschweig und Lüneburg, in: Albrecht Schöne (Hrsg.): Stadt, Schule, Universität, Buchwesen und die deutsche Literatur im 17. Jahrhundert, München 1976 (Germanistische Symposien 1), S. 243–259.

Müller, Manfred: Geschichte und allgemeine Bildungstheorie. Eine Untersuchung über die Auffassung des Geschichtsunterrichts bei Johann Ludwig Vives und Philipp Melanchthon, in: Geschichte in Wissenschaft und Unterricht 14 (1963), S. 420–428.

Muhlack, Ulrich: Geschichtswissenschaft im Humanismus und in der Aufklärung. Die Vorgeschichte des Historismus, München 1991.

– : Johann Gottfried Herder (1744–1803), in: Europa-Historiker. Ein biographisches Handbuch, Bd. 2, Göttingen 2007, S. 49–76.

Mutius, Huldreich: De Germanorum prima origine, Basel 1539.

Neander, Michael: Bedencken Michaelis Nearndi an einen guten Herrn und Freund, wie ein Knabe zu leiten und zu unterweisen ..., Eisleben 1580.

Neddermeyer, Uwe: Kaspar Peucer (1525–1602). Melanchthons Universalgeschichtsschreibung, in: Heinz Scheible (Hrsg.): Melanchthon in seinen Schülern, Wiesbaden 1997 (Wolfenbütteler Forschungen 73), S. 67–101.

Neigebaur, Johann Daniel (Hrsg.): Sammlung der auf den Oeffentlichen Unterricht in den Königl. Preußischen Staaten sich beziehenden Gesetze und Verordnungen, Hamm 1826.

Nicolin, Friedhelm/Schlüter, Gisela (Hrsg.): Georg Friedrich Hegel. Tagebuch 1785–1787, Hamburg 1989.

Niemeyer, August Hermann: Grundsätze der Erziehung und des Unterrichts für Eltern, Hauslehrer und Schulmänner, 3. überarb. Aufl., Halle 1799.

Overmann, Karl: Die Geschichte der Essener höheren Lehran-stalten im 17. und 18. Jahrhundert mit besonderer Berück-sichtigung des Evangelisch-Lutherischen Gymnasiums und seines Direktors Johann Heinrich Zopf, in: Essener Beiträge 46 (1928), S. 3–196.

Pachtler, Georg M. (Hrsg.): Ratio studiorum et Institutiones Scholasticae Societatis Iesu, 4 Bde., Berlin 1887–1894 (Monu-menta Germaniae Paedagogica 2, 5, 9 und 14).

Pandel, Hans-Jürgen: Historiker als Didaktiker, in: Klaus Bergmann, Gerhard Schneider (Hrsg.): Gesellschaft – Staat – Geschichtsuntrricht. Beiträge zu einer Geschichte der Ge-schichtsdidaktik und des Geschichtsunterrichts von 1500–1980, Düsseldorf 1982, S. 104–131.

Patzke, Johann Samuel: Über Erziehung. An Carolinen, in: Der Greis, Achter Theil, 101. Stück, Magdeburg, den 12. Dezem-ber 1764, S. 365–380.

Paulsen, Friedrich: Geschichte des gelehrten Unterrichts, 2 Bde., Leipzig ³1919–1921.

Pauly, Friedrich August: Versuch einer vollständigen Methodo-logie für den gesammten Kursus der öffentlichen Unterwei-sung in der lateinischen Sprache und Literatur, Erster Theil, Tübingen 1785, S. 165–168.

Pohlig, Matthias: Zwischen Gelehrsamkeit und konfessioneller Identitätsstiftung: Lutherische Kirchen- und Universalge-schichtsschreibung 1546–1617, Tübingen 2007.

Prietz, Frank: Geschichte und Reformation. Die deutsche „Chronica" des Johannes Cario als Erziehungsbuch und Fürstenspiegel, in: Oliver Auge, Cora Dietl (Hrsg.): Univer-sitas. Die mittelalterliche und frühneuzeitliche Universität im Schnittpunkt wissenschaftlicher Disziplinen, Tübingen u. a. 2007, S. 153–166.

Randa, Alexander (Hrsg.): Mensch und Weltgeschichte. Zur Ge-schichte der Universalgeschichtsschreibung, München u. a. 1969.

Reccard, Gotthilf Christian; Globig, Hans Gotthelf von: Auszug aus dem Lehr-Buche darin ein kurzgefaßter Unterricht aus verschiedenen Wissenschaften gegeben wird, zum Gebrauche der Land-Schulen in den Königl. Preußischen Provinzen, Berlin 1768.

Reccard, Gotthilf Christian: Lehr-Buch, darin ein kurzgefasster Unterricht aus verschiedenen philosophischen und mathematischen Wissenschaften, der Historie und Geographie gegeben wird. Zum Gebrauch in Schulen, Zweyte Abtheilung, 6. verm. u. verb. Aufl., Berlin 1783, Vorrede.

Rechenberg, Adam: Summarium historiae ecclesiasticae, in usum studiosae iuventutis adornatum, Leipzig 1697.

Reimmann, Jacob F.: Versuch einer Einleitung in die Historiam Literariam derer Teutschen, 7 Bde., Halle 1710–1725.

Repgen, Konrad: Der Dreißigjährige Krieg im Geschichtsbild vor Schiller, in: Dieter Albrecht u. a. (Hrsg.): Europa im Umbruch, 1750–1850, München 1995, S. 187–212.

Reuber, Jobst: Veterum sciptorum qui caesarum et imperatorum Germanicorum res per aliquot secula gestas, literis mandarunt, Frankfurt a. M. 1584.

Richter, Albert: Die Methodik des Geschichtsunterrichts der Volksschulen in ihrer geschichtlichen Entwicklung, in: Carl Kehr (Hrsg.): Geschichte der Methodik des deutschen Volksschulunterrichts, Bd. 2, Gotha ²1889, S. 73–132.

– : Geschichtsunterricht im 17. Jahrhundert, Langensalza 1893.

Rohlfes, Joachim: Geschichtsunterricht in Deutschland von der frühen Neuzeit bis zum Ende der Aufklärung, in: Klaus Bergmann, Gerhard Schneider (Hrsg.): Gesellschaft – Staat – Geschichtsunterricht. Beiträge zu einer Geschichte der Geschichtsdidaktik und des Geschichtsunterrichts von 1500–1980, Düsseldorf 1982, S. 11–43.

– : Martin Luthers „Vorrede zur Historia Galeatii Capellae" (1538), in: Geschichte in Wissenschaft und Unterricht 34 (1983), S. 696–708.

Rommel, Heinz: Das Schulbuch im 18. Jahrhundert, Wiesbaden u. a. 1968.

Rude, Adolf: Die bedeutendsten Evangelischen Schulordnungen des 16. Jahrhunderts nach ihrem pädagogischen Gehalte (Pädagogisches Magazin 32), Langensalza 1893.

Sauer, Michael: Zwischen Negativkontrolle und staatlichem Monopol. Zur Geschichte von Schulzulassung und -einführung, in: Geschichte in Wissenschaft und Unterricht 49 (1998), 144–156.

Scherer, Emil Clemens: Geschichte und Kirchengeschichte an den deutschen Universitäten: ihre Anfänge im Zeitalter des Humanismus und ihre Ausbildung zu selbständigen Disziplinen, Freiburg i. Br. 1927.

Schindel, Ulrich: Antike Historie im Unterricht an Gelehrten Schulen des 17. Jahrhunderts, in: Albrecht Schöne (Hrsg.): Stadt, Schule, Universität, Buchwesen und die deutsche Literatur im 17. Jahrhundert, München 1976 (Germanistische Symposien 1), S. 225–242.

Schlözer, August Ludwig von: Vorbereitung zur WeltGeschichte für Kinder, erster Theil, Göttingen 1779.

Schmauß, Johann Jacob: Compendium iuris publici S. R. I., zum Gebrauch der academischen Lectionen verfasset, Leipzig 1746/1782.

Schmidt, Oswald Gottlieb: Luthers Bekanntschaft mit den alten Klassikern, Leipzig 1883.

Schnepper, Arndt Elmar: Goldene Buchstaben ins Herz schreiben. Die Rolle des Memorierens in religiösen Bildungsprozessen, Göttingen 2012 (Arbeiten zur Religionspädagogik 52).

Schröckh, Johann Matthias: Lehrbuch der allgemeinen Weltgeschichte zum Gebrauche bei dem ersten Unterrichte der Jugend, nebst einem Anhange der Sächsischen und Brandenburgischen Geschichte, Berlin u. a. 1774.

Seckendorf, Veit Ludwig von; Böcker, Johann Heinrich: Compendiumhistoriae ecclesiasticae jussu Ernesti pii D[uy]

Sax[onia-]Goth[ana] in us[um] gymnas[ii] Gothari editum, Leipzig u. a. 1703.

Segal, Lester Abraham: Nicolas Lenglet du Fresnoy (1674–1755). A Study of Historical Criticism and Methodology in Early Eighteenth-Century France, Diss. Univ. Columbia, New York 1968 (masch.).

Seifert, Arno: Das höhere Schulwesen. Universitäten und Gymnasien, in: Christa Berg, Notker Hammerstein (Hrsg.): Handbuch der deutschen Bildungsgeschichte, Bd. 1, München 1996, S. 197–369.

Sidney, Algernon: Discourses concerning government, 2 Bde., Edinburgh 1750.

Sleidan, Johann: Ain beschaidner historischer, unschmählicher Bericht an alle Churfürsten, Fürsten und Stennde dess Reichs von des Pabstums auf und abnemen, dessen geschicklichhait unnd was endtlich darauß folgen mag, Augsburg 1541.

– : Vier Monarchien, darinnen kürtzlich das jenige, was sich nach Erschaffung der Welt biß auf die unsere Zeit denkwürdiges zugetragen, begriffen, hiebevor aus dem Lateinischen Teutsch übersetzet ..., Jena 1659.

Sommer, Andreas Urs: Sinnstiftung durch Geschichte? Zur Entstehung spekulativ-universalistischer Geschichtsphilosophie zwischen Bayle und Kant. Basel 2006 (Schwabe Philosophica 8). Spanheim, Friedrich: Historia ecclesiastica veteris et novi testamenti, Leiden 1683.

Staats, Reinhart: Orosius und das Ende der christlich-römischen Universalgeschichte im Zeitalter der Reformation, in: Leif Grane u. a. (Hrsg.): Auctoritas Patrum. Neue Beiträge zur Rezeption der Kirchenväter im 15. und 16. Jahrhundert, Bd. 2, Mainz 1998, S. 201–221.

Steiner, Benjamin: Die Ordnung der Geschichte. Historische Tabellenwerke in der Frühen Neuzeit (Norm und Struktur 34), Köln u. a. 2008.

– : Orte der Instruktion. Diffusion historischen Wissens im Geschichtsunterricht der Frühen Neuzeit, in: Susanne Rau, Birgit Studt (Hrsg.): Geschichte schreiben. Ein Quellen- und Studienhandbuch zur Historiografie (ca. 1350–1750), Berlin 2010, S. 97–110.

Stempel, Hermann-Adolf: Melanchthons pädagogisches Wirken, Bielefeld 1979 (Untersuchungen zur Kirchengeschichte 11), S. 111–123.

Stolle, Gottlieb: Anleitung zur Historie der Gelahrtheit, denen zum besten, so den freyen Künsten und der Philosophie obliegen, in dreyen Theilen, Jena 1727.

Strasser, Gerhard F.: Emblematik und Mnemonik in der Frühen Neuzeit im Zusammenspiel. Johannes Buno und Johann Justus Winckelmann, Wiesbaden 2000.

Strauss, Gerald: Reformation and Pedagogy. Educational Thought and Practice in the Lutheran Reformation, in: Charles Trinkaus, Heiko A. Oberman (Hrsg.): The Pursuit of Holiness in Late Medieval and Renaissance Religion, Leiden 1974 (Studies in Medieval and Reformation Thought 10), S. 272–306.

Struve, Burkhard Gotthelf: Introductio in notitiam rei litterariae et usum bibliothecarum, Jena 1704/1768.

Tappe, Sylvester: Einleitung in die Universal Historie, vom Anfange der Welt bis auf unsre Zeiten, zu desto bequemern und nützlichern Gebrauche der Schulen verbessert und fortgesetzt von Heinrich Caspar Baurmeister, Braunschweig u. a. 1762.

Uhse, Erdmann: Kirchen-Historie des XIV. und XVII. Jahr-Hunderts nach Christi Geburth ..., Leipzig 1710.

Usher, James: Armachani annales veteris et novi testamenti ... [&] Chronologia sacra vetris testamenti ..., Editio tertia, Bremen 1686.

Vormbaum, Reinold (Hrsg.): Die evangelischen Schulordnungen, 3 Bde., Gütersloh 1860–1864.

Voss, Gerhard Johannes: De studiorum ratione opuscula ...,
Amsterdam 1654.

Walch, Johann Georg: Historische und Theologische Einleitung in die vornehmsten Religions-Streitigkeiten, aus Hrn.
Johann Francisci Buddei Collegio herausgegeben, auch mit
Anmerckungen erläutert und vielen Zusätzen vermehret
von Joh. Georg Walchen, Jena 1724.

Wallraff, Martin: Die Rezeption der spätantiken Kirchenge-
schichtswerke im 16. Jahrhundert, in: Leif Grane u. a. (Hrsg.):
Auctoritas Patrum. Neue Beiträge zur Rezeption der Kirchenväter im 15. und 16. Jahrhundert, Bd. 2, Mainz 1998, S. 223–260.

Weismann, Christian Eberhard: Introductio in memorabilia
ecclesiastica historae sacrae novi testamenti ..., 2 Bde., Stuttgart 1718–1719.

Weymar, Ernst: Ein Streifzug durch europäische Schulbücher
1450–1789, in: Geschichte in Wissenschaft und Unterricht 8
(1957), S. 292–311.

– : Das europäische Geschichtsbild in deutschen Schulgeschichtsbücher, in: Geschichte in Wissenschaft und Unterricht 9 (1958), S. 134–161.

– : Das Selbstverständnis der Deutschen. Ein Bericht über den
Geist des Geschichtsunterrichts der höheren Schulen im 19.
Jahrhundert, Stuttgart 1961.

Wiegmann, Ulrich (Hrsg.): Pädagogikgeschichtliche Gesamt-
darstellungen, Quellenbände und Periodika, Berlin 2008
(Bestandsverzeichnisse zur Bildungsgeschichte 12).

Winds, Rudolf: Aus Lehrbüchern für den deutschen Unterricht
aus dem 17. und 18. Jahrhundert, in: Neue Jahrbücher für das
klassische Altertum, Geschichte und deutsche Literatur und
für Pädagogik 14 (1904), S. 391–410.

Wirth, Karl-August: Von mittelalterlichen Bilder und Lehrfi-
guren im Dienste der Schule und des Unterrichts, in: Bernd
Moeller, Hans Patze, Karl Stackmann (Hrsg.): Studien zum

städtischen Bildungswesen des späten Mittelalters und der frühen Neuzeit, Göttingen 1986, S. 256–370.

Wolter, Hans, S. J.: Geschichtliche Bildung im Rahmen der artes liberales, in: Josef Koch (Hrsg.): Artes liberales. Von der antiken Bildung zur Wissenschaft des Mittelalters, Leiden u. a. 1959 (Studien und Texte zur Geistesgeschichte des Mittelalters 5), S. 50–83.

Wurstisen, Christian: Bassler Chronik ..., Basel 1580.

– : Germaniae historicorum illustrium ..., Basel 1591.

Zedelmaier, Helmut: Die Marginalisierung der Historia sacra in der frühen Neuzeit, in: Storia della Storiografia 35 (1999), S. 15–26.

– : Der Beginn der Geschichte. Überlegungen zur Auflösung des alteuropäischen Modells der Universalgeschichte, in: Stori della Storiografia 39 (2001), S. 87–92.

– : Der Anfang der Geschichte. Studien zur Ursprungsdebatte im 18. Jahrhundert, Hamburg 2003.

Zopf, Johann Heinrich: Ausführliche Grundlegung der Universal-Historie. Nebst einem historischen Examine, Halle 1729.